Nicole Jeammet

DES VIOLENCES MORALES

EDITIONS
ODILE JACOB

15, RUE SOUFFLOT, 75005 PARIS

ISBN : 2-7381-1001-0

www.odilejacob.fr

INTRODUCTION

Qu'un père violent ait un fils violent, soit ! La cause est entendue. Mais que certaines violences naissent dans des environnements aimants et paisibles, comme nous le voyons si souvent autour de nous, apparaît comme un scandale incompréhensible !

En effet, que ce soit en consultation, ou plus largement dans notre entourage immédiat, force est de constater que les enfants pris dans des spirales de violence dirigées contre eux ou contre les autres ont souvent des parents dévoués et de bonne volonté. Un décalage aussi flagrant entre les comportements destructeurs d'un individu et son environnement accrédite l'idée du caractère inné de ces comportements. Il y aurait ainsi de mauvaises natures, qu'on les impute ou non à des conditionnements génétiques. Pourtant, si l'influence de ces derniers est incontestable, celle de l'environnement est au moins aussi importante, et particulièrement dans une de ses dimensions méconnues : *celle de la violence morale exercée de façon invisible dans la relation à l'autre, sous couvert de bons sentiments.* Est-ce qu'Othello [1] se serait ainsi laissé détruire par Iago, si ce dernier n'avait pas su si bien le convaincre de son amour tout dévoué pour lui ?

Ce premier exemple est assez aisé à concevoir : Iago prémédite la destruction d'Othello et, pour mieux le duper, il utilise sciemment des bons sentiments. Mais il existe une violence bien moins facilement discernable, dans les cas les plus nombreux où elle n'est pas consciemment recherchée par celui qui l'exerce ; elle advient de façon indirecte, comme conséquence sur l'autre de difficultés existentielles internes qui ne concernent que son propre besoin de s'affirmer et de se suffire à soi-même. Emmanuel Levinas, parlant de la violence, rend très bien compte de cette dynamique enfouie, où l'autre est radicalement et superbement ignoré : « Est violente toute action où l'on agit comme si on était seul à agir ; comme si le reste de l'univers n'était là que pour recevoir l'action. *Est violente par conséquent aussi toute action que nous subissons sans en être en tous points les collaborateurs.* La violence est souveraineté, mais solitude. (...) Le violent ne sort pas de soi. Il prend, il possède ; *la possession nie l'existence indépendante*[2]. »

Toutes ces formulations disent clairement *les liens souterrains existant entre violence morale et besoin d'autoaffirmation*, même si, en surface, c'est souvent la gentillesse relationnelle et le désir de plaire qui sont de mise, par impossibilité de vivre un quelconque conflit. La violence, il est vrai, a toujours à voir avec une méconnaissance du statut et de la place de l'autre, d'abord parce que ceux qui méconnaissent ainsi les autres souffrent de ne pas avoir de représentation acceptable d'eux-mêmes. Ce manque les contraint justement à utiliser, à manipuler ces autres en permanence pour se ressourcer et, se regardant *enfin* bons dans leurs yeux, à lutter contre le sentiment intolérable de ne pas se croire « aimables ».

Mais alors ce sentiment d'être ou non « aimable », d'où nous vient-il donc ? Il nous vient d'avoir été primitivement vu par un autre : avant de nous voir nous-même et donc de nous aimer ou non, nous avons été un bébé regardé par sa mère [3] ; « je suis regardé, donc je regarde », énonce Winnicott. Mais, précisément, comment ai-je été regardée ? Toute vie individuelle commence sur horizon d'« alliance » avec un autre qui précisément initie ou non à ce goût et à ce plaisir de la rencontre, de la mutualité ; or certaines mères, par ailleurs pleines de bonne volonté, mais indisponibles affectivement par peur de la passivité, imposent leurs propres désirs sans pouvoir prendre en compte ceux de leur bébé ; elles n'arrivent pas à regarder leur bébé, mais se regardent elles-mêmes ; elles font alors expérimenter la rencontre, non plus comme un plaisir qui peut se partager, mais comme une violence, source d'« enragement » et d'excitation, vous attaquant au cœur de votre identité et vous faisant croire à un antagonisme entre les besoins d'être vous et la relation à l'autre. Et même si l'impact n'est plus aussi décisif par la suite, ce qui se joue de façon paradigmatique au tout début de la vie reste vrai plus tard de toutes les rencontres : si l'homme se construit bien tout au long de son existence par et dans la relation, le refus de se laisser affecter par l'autre par peur de perdre la maîtrise produit des effets relationnels toxiques. Si donc je n'ai pas reçu, et ne reçois toujours pas l'assurance d'exister à part entière et d'être importante pour l'autre ou si je n'ai pas donné cette assurance, et ne la donne toujours pas, ces mêmes besoins existentiels continueront à exiger satisfaction *autrement. Ce qui n'a pas été gratuitement offert se devra d'être pris de force, rapté, dans une logique devenue celle d'un lui ou moi.* Et quelle que soit la solution trouvée à ce manque-à-être-dans-le-regard-aimant-d'un-autre, elles auront toutes à voir, du fait de la douloureuse insécurité vécue, avec un désir inconscient, ressenti comme légitime, de prendre une revanche violente et solitaire sur l'autre.

Or cette évidence d'une interdépendance relationnelle, sous ses formes passive et active, est actuellement oubliée du fait de l'accent fortement mis sur le souci, je dirais presque le devoir qui est le nôtre, d'autonomie et d'indépendance ; mais souci qui très vite dérive vers un effacement de l'importance des liens, au bénéfice d'un besoin de s'autoaffirmer, à quoi s'ajoute un besoin tout aussi impératif de s'autojustifier ; ainsi de Philippe, héros de *La Rabouilleuse* [4] : « Il s'était habitué à ériger ses moindres intérêts et chaque vouloir momentané de ses passions en nécessité (...). Il semblait ingénu comme un enfant. Les paroles ne lui coûtaient rien, il en donnait autant qu'on en voulait croire. L'univers commençait à sa tête et finissait à ses pieds, le soleil ne brillait que pour lui. » Or *c'est bien cette hypertrophie du moi se dissimulant sous des paroles aimables et trompeuses qui est source indirecte de violence pour les proches.* Si, en termes de violences relationnelles, viennent immédiatement à l'esprit celles qui sont les plus évidentes : les formes de maltraitances aussi bien maternelles que conjugales ainsi que les violences sexuelles, au-delà de ces formes patentes, existent précisément mille autres formes qui ne prennent pas le corps pour cible, mais la psyché et le cœur de l'autre, l'atteignant directement dans son besoin existentiel d'être reconnu et pris en compte, donc touchant son identité.

Ainsi, c'est dans le refus plus ou moins conscient d'être concerné par l'autre, le plus souvent en toute candeur, que réside la violence morale ; de cet autre non reconnu tel on se servira secrètement : on le séduira, le manipulera, le prendra, le possédera, comme dit Levinas, on l'ignorera ou encore l'idéalisera, parfois même on le détruira, pour ses propres besoins de récupération d'une estime de soi autrement défaillante. L'autre sera utilisé uniquement comme miroir pour renvoyer une image valorisée de soi ; ou à l'inverse comme exutoire à ce qui n'est pas acceptable en soi. Des sentiments « mauvais » de haine ou d'envie inconciliables avec l'estime de soi sont projetés dans un autre qui en devient le dépositaire indispensable. Toutefois, le besoin de l'autre nous aliène forcément à lui, d'où de fortes angoisses de dépendance inconscientes et, pour lutter contre ces angoisses, la nécessité paradoxale de se vouloir et de s'afficher encore davantage indépendant, le leitmotiv devenant alors « moi, je n'ai besoin de personne ». Quant à celui qui est ainsi subrepticement ignoré ou utilisé – que ce soit en « bon miroir » ou en « mauvais dépositaire » – pour les besoins inconscients de récupération narcissique d'un autre, sans être de ce fait pris en compte pour ce qu'il est, ne vit-il pas là une des formes les plus redoutables de violence subie ? Violence subie qui, l'est-elle chez un enfant ou une personnalité fragile, a de fortes chances de se répéter en violence agie... d'autant que, insistons-y, nous sommes dans le monde caché et obscur de l'inconscient, sur lequel aucun des protagonistes n'a de prise directe.

C'est de quelques-unes de ces violences morales cachées que ce livre voudrait parler à l'aide d'illustrations littéraires : violence subie de la part de parents gentils et innocemment narcissiques, violence entretenue par la nécessité d'une image idéale de soi, violence exercée par l'indifférence, violence des volontés d'emprise dont font partie les conduites de séduction, violence de personnages envieux qui en font agir d'autres... C'est en compagnie de Balzac, Annie Ernaux, Maupassant, Mauriac, Proust, Schnitzler, Shakespeare et Zweig que nous allons essayer d'éclairer des situations banales d'interaction entre des personnages qui portent en eux l'incitation à la violence et à la destruction. En effet, y a-t-il meilleur miroir d'identité que la littérature ? Dans la vie racontée d'autrui se trouvent de précieuses clés pour comprendre, authentifier et surtout anticiper nos vies propres ; ces récits de vie peuvent nous servir de modèles de nécessité et de modèles de contingence : il y a dans le déroulement d'une histoire un aspect de logique imparable qui découle des « choix » faits, mais il aurait parfois suffi de peu de choses pour que cela se passe autrement… À nous identifier ainsi avec les héros malheureux de toutes ces histoires, voyant et nommant chez eux ce qui est germe de destruction et de malheur, peu à peu nous apprenons, grâce à ce décentrement, à nous voir nous-mêmes et à nommer aussi pour nous tout ce qui nous empêche de vivre une « vie bonne ».

CHAPITRE PREMIER

Les violences exercées par des « parents gentiment narcissiques »

> « L'aspect frustrant du comportement de l'objet (des parents) est un facteur important dans l'éducation du petit enfant relative à l'existence d'un monde non-moi. Les carences de l'adaptation de l'environnement ont une valeur positive *dans la mesure où l'enfant peut haïr l'objet*, c'est-à-dire peut conserver l'idée d'un objet éventuellement capable de le satisfaire tout en reconnaissant que cet objet n'a pas réussi à se comporter de façon satisfaisante. »
>
> WINNICOTT.

Pourquoi associer parents gentiment ou innocemment narcissiques et violence agie ? Sans doute parce qu'au cours de nombreuses consultations de parents venant pour des enfants en difficulté, j'ai été frappé par ce besoin qui était le leur de se vouloir gentils, avec ce leitmotiv justifiant leur refus de s'opposer directement à l'enfant : « Je ne veux pas que mon enfant ait quelque chose à me reprocher plus tard », ou bien encore : « Je ne peux pas supporter que mon enfant soit malheureux », sous-entendu, si je le contrariais, je contribuerais à son sentiment d'être malheureux ; or comment une mère qui aime son enfant peut-elle vouloir cela ? Je ne veux que le satisfaire, voulant dire, en l'occurrence, le combler.

N'est-il pas flagrant que cette satisfaction à tout prix donnée à l'enfant concerne d'abord et avant tout le parent et ne prend que peu ou pas du tout l'enfant en compte ? Il s'agit de se rassurer sur sa propre bonté, dans la peur inconsciente d'être soi-même attaqué ou abandonné par l'enfant s'il n'était pas immédiatement satisfait-comblé : la satisfaction donnée l'est alors, non pas pour le bien de l'enfant, mais pour écarter le danger relationnel qui inclut toujours une possible remise en question de l'image de soi. Combler l'enfant, c'est se combler soi-même dans une contrainte à éviter de ressentir ses propres sentiments négatifs. Nous avons là une illustration particulièrement forte d'un des cas de figure exposé dans l'introduction ; l'enfant ici est nécessaire miroir à la toute-bonté du parent, car celui-ci, manquant cruellement d'un regard intériorisé bienveillant, ne peut pas se permettre de manier l'agressivité en entrant par exemple en conflit avec l'enfant : *il y va pour lui du risque impossible à prendre de ne plus être aimé dans la réalité.* Personne cependant, pas même un bébé, ne fait l'économie des sentiments de haine, de rage ou d'envie et de la souffrance qu'ils occasionnent. Or, si l'enfant est ainsi laissé seul avec ses sentiments négatifs sans aide pour les reconnaître et les domestiquer, puisque toute la stratégie des parents est en effet de les ignorer, il sera vite débordé, submergé par des vécus de détresse, l'obligeant à défléchir cette violence agissante, bien que méconnue en tant que telle, contre lui ou contre les autres.

C'est ainsi que certaines amours parentales – et cela indépendamment des intentions conscientes des parents, dont la bonne foi n'est pas en cause –, qui voudraient « tout donner » dans l'amour, étouffent, provoquent à la violence, mettent en cage.

Dans *L'Arrache-Cœur* de Boris Vian par exemple, cette

métaphore se fait réalité. Clémentine, à la fin du roman, dans une escalade protectrice met réellement en cage ses trois enfants. Mais il faut voir combien effectivement cette « protection » s'organise sur fond de possessivité grandissante : après l'évincement du mari, elle commence à s'intéresser à eux, mais, découvrant « avec amertume » l'autonomie naissante de ses fils, elle décide qu'elle va leur donner tant d'amour qu'ils n'auront plus jamais rien à lui reprocher… et qu'ainsi « leur vie entière tissée de soins et de bons offices perdra son sens hors de sa présence ». On voit bien là alors combien *un « amour » qui se veut consciemment sans aucune faille se confond avec un désir inconscient d'emprise.*

Sans développer ici une théorie abstraite parlante à des spécialistes, il nous faut dire quelques mots des présupposés psychanalytiques qui nous permettront de comprendre comment peuvent se transmettre des modes relationnels, favorisant ou entravant la construction de nos identités. En effet, il y a des amours parentales qui donnent la vie et d'autres qui ne la donnent pas, ou si mal… Mais n'oublions pas que ces amours parentales elles-mêmes ont été transmises à nos parents par les leurs, et ainsi de génération en génération…

Où apprenons-nous ce qu'aimer veut dire ?

D'abord, il nous faut comprendre que nos modes d'aimer l'autre ont été appris à partir de trois expériences fondatrices : a) au creux des bras maternels qui nous ont tenus, b) à partir de la façon dont notre père s'est imposé ou non à cette relation privilégiée ; et cela à la fois parce que, par son désir pour lui, la mère a fait une place à son mari et parce que le père a assumé cette place, c) et aussi à partir de la manière dont les parents s'aimaient entre eux ; un enfant a existentiellement besoin que ses parents s'aiment en se reconnaissant dans leurs différences : si tel est le cas, c'est le gage pour l'enfant qu'il pourra se permettre à son tour d'être différent, sans craindre de perdre l'amour de ses parents.

Ces trois données de base jouent comme modèles imparables d'un être-avec-l'autre dont on pourrait dire qu'ils nous serviront de canevas, même si ensuite les fils à broder pourront être choisis par nous.

La façon dont nous aimons aujourd'hui n'est pour nous ni une donnée brute ni une donnée standard, car il n'y a pas d'identité « je suis » hors d'identifications « je suis comme ».

La donnée brute, elle a été une expérience de fusion, de confusion entre nous et l'autre dans ce moment originel de la relation mère-enfant. Bien sûr, nous admettons que, certes, nous avons tous été un petit enfant étroitement dépendant de notre mère et de notre environnement familial, mais, à moins d'avoir fait une expérience analytique, nous n'avons pas du tout conscience de la continuité de nos expériences de vie. En fait, peu d'entre nous perçoivent combien ils sont restés fantasmatiquement prisonniers aussi bien des revendications, attentes, demandes de reconnaïssance vis-à-vis de leurs propres parents que des contraintes inconscientes à justifier ou réparer ces mêmes parents.. Beaucoup de drames conjugaux trouvent ainsi leurs racines dans ces accrochages affectifs restés actuels en même temps que méconnus.

Alors, quelle est la donnée brute de nos amours ? C'est d'abord cette relation si capitale de la mère et de son enfant. Regardons une mère en train d'allaiter son bébé : nous voyons deux personnes ; la mère qui allaite un bébé, un bébé qui boit le lait de sa mère. Eh bien ! il nous faut dépasser les évidences de l'observateur pour essayer de nous mettre à la place du bébé ; nous allons découvrir alors un tout autre monde : le bébé, lui, ne sait pas que sa mère existe et il tète un sein qui fait partie de lui. *Sa mère et lui sont à l'origine totalement indifférenciés dans le plaisir qu'elle lui donne.* Donc, là où nous voyons deux personnes, il n'y en a qu'une. En revanche, ce que nous ne voyons pas et qui va régir le monde du bébé est une autre façon de le séparer en deux : il y aura d'un côté lui dans ses expériences de plaisir, et cela indépendamment de la personne qui le lui donne... et le reste qui n'est pas lui et qui sera associé à tout ce qui lui apporte déplaisir, inconfort et le pousse à chercher à le faire disparaître en le mettant dehors ; les pleurs, les gigotements, les cris vont traduire cet essai d'éjection d'un monde avec lequel il ne veut rien avoir à faire. *Or ce déplaisir, ce mal, qui sollicite sa haine et tous ses désirs de rejet, c'est précisément le seul lieu où faire l'expérience que le monde, l'autre existent indépendamment de l'enfant, c'est ce qui lui fait faire l'expérience du « réel » et le fait enclencher sur le monde.* C'est grâce à cette expérience que pour la première fois l'« autre » peut être reconnu tel. L'autre n'est pas l'enfant ; il existe indépendamment de lui, de son désir, de son plaisir ; et, en retour, l'enfant peut alors exister lui aussi indépendamment de l'autre.

C'est cette expérience du réel et de l'autre (c'est la même chose) que nous faisons sous la forme inéluctable du sentiment de haine, car il nous est intolérable que l'autre ait une existence à soi, alors que nous ressentons la nécessité impérieuse de sa présence. Ou dit encore autrement, la haine est ressentie parce que est mis en question le sentiment d'omnipotence de l'enfant pris au leurre de l'indifférenciation. On comprend alors l'importance de sa prise de conscience pour construire peu à peu des frontières entre l'autre et soi.

C'est là que le rôle de la mère va être déterminant : c'est à elle que va être dévolue la tâche de moduler et transformer pour son enfant ses mauvaises expériences, en les lui faisant vivre dans un climat de sécurité aimante ; la haine perdant alors son caractère dangereux peut être reconnue sienne, et non évacuée au dehors, autrement dit sur les autres. Mais cela suppose qu'elle puisse se mettre à la place de son enfant pour ressentir par exemple la colère qu'il ressent, qu'elle fasse ensuite un travail d'interprétation pour donner sens à ce qui est ressenti – elle est peut-être restée absente trop longtemps – et qu'elle apporte un remède adéquat ; de même que c'est à l'intérieur du corps de sa mère que le bébé a reçu son corps, de même c'est à l'intérieur de sa vie psychique et affective qu'il se fait sa vie psychique et affective. D'éléments chaotiques de souffrance, de peur, de colère, qui n'ont de possibilité d'expression que dans le corps, la mère va faire une réalité intrapsychique et affective à partir des réseaux de signification qu'elle a appris dans son histoire.

On imagine déjà toutes les distorsions qui peuvent advenir, puisque cette mère ne pourra transmettre que la façon dont elle fonctionne pour elle-même.

En effet, deux voies sont alors possibles :

– La mère ne protège pas suffisamment son bébé de ses mauvaises expériences, soit qu'elle ne prend pas en compte les besoins du bébé et impose les siens propres, soit qu'elle cherche à le combler dans une attitude d'hypersollicitude. La haine, non exprimée mais gardant son potentiel fantasmatique de destruction, ne pourra pas être reconnue en soi car elle menace le moi naissant en faisant craindre de perdre la mère ; cette haine refusée restera inconsciente et agissante, elle continuera à faire son œuvre d'attaque et de déliaison : soit attaque contre soi, soit attaque contre les autres, car, nous dit Freud, « rien dans la vie psychique ne peut se perdre et tout est conservé ».

– La mère a été prévisible et disponible, capable d'un réel échange, où elle a su partager avec son enfant des expériences de plaisir et de déplaisir – elle a alors confirmé l'enfant dans sa « bonté » et lui a permis de dédramatiser ses craintes de destructivité dans ses moments de haine et d'envie. Elle a reconnu la colère de son enfant et elle-même a montré sa colère contre lui en le punissant par exemple. L'enfant apprend que *les sentiments négatifs font partie de la vérité d'une relation par ailleurs aimante qui, du fait de l'altérité, inclut le manque et la frustration.* La haine rendra alors possible un début de différenciation d'avec l'autre – un espace se met à exister entre l'autre et moi – dans un progressif apprentissage du réel. Cette ébauche de différenciation trouvera son issue dans le conflit œdipien et permettra de trouver une sécurité interne.

Car, parlant de la disponibilité maternelle, il faut encore préciser que cette disponibilité n'est structurante pour l'enfant que si la mère ne s'y engouffre pas sans reste, menaçant son enfant du même engouffrement et rendant toute frustration et tout manque synonymes de perte et d'anéantissement. C'est parce que déjà un autre que l'enfant est dans la tête et le cœur de la mère que cet enfant pourra imaginer une autre présence que physique et accéder pour lui-même à la catégorie de l'absence. Pour pouvoir être deux, il faut toujours être trois. Ce tiers va cristalliser les affects de haine rivale (s'il n'était pas là, l'enfant pourrait rêver qu'il aurait sa mère tout à lui) et avoir un rôle essentiel : s'affirmant comme partenaire exclusif de la mère, il interdit dans le présent à l'enfant de prendre sa place, et ce faisant il ouvre un avenir à l'enfant : s'il renonce à ce désir, comme lui, plus tard, il trouvera une place unique avec une autre partenaire. Cet interdit intériorisé est appelé « surmoi », et cette promesse « idéal du Moi ». Cet interdit paternel sort l'enfant de la captation par la mère et permet une distribution de la haine et de l'amour, et le maintien d'un lien à un objet satisfaisant (je veux dire que, quand il se sentira plein de haine envers l'un, l'amour qu'il ressentira pour l'autre lui donnera un lieu temporaire de sécurité qui rendra sa haine tolérable et pensable). À partir de là, peu à peu, un travail de correction du bon et du mauvais, donc de l'amour et de la haine, va se faire, aboutissant à ce qu'on appelle en clinique l'accès à l'ambivalence ; il n'y aura plus un père haï et une mère aimée ou inversement, mais il y aura pour soi-même acceptation d'un conflit amour-haine, et en face de soi reconnaissance de personnes entières suivant un principe de réalité. Bien sûr, *ce conflit intériorisé est source de souffrance puisqu'il est lieu de culpabilité et que c'est ce qui ne sera pas supportable par la majorité d'entre nous*, nous obligeant à évacuer le mauvais sur un autre, comme d'ailleurs nous en verrons l'illustration dans les récits de vie que nous allons lire. Si j'aime quelqu'un et que tout à coup je lui fais du mal, je vais me sentir consciemment coupable envers ce quelqu'un ; mais justement cette culpabilité, reconnue envers l'autre pour des actes précis, fait accéder aux possibilités de réparation (si tant est que celle-ci puisse être reçue...) et renforce le bon au détriment du mauvais, l'amour au détriment de la haine.

Résumons brièvement l'essentiel de notre propos : grâce à l'accès à l'ambivalence, à savoir la liaison en soi de la haine à l'amour effectuée dans un échange affectif avec l'autre, une réelle différenciation advient entre l'autre et soi, entre mon désir et la réalité, avec en parallèle l'abandon de la volonté d'omnipotence. *Toutes les autres solutions qui font l'économie de la haine (idéalisation, déni ou projection) d'une part font de l'« amour » un sentiment aliénant proche de l'emprise, et d'autre part esquivent et transforment le réel.* Et ce renoncement à garder tout le bon pour soi en évacuant tout le mauvais sur l'autre, autrement dit ce renoncement à combler quelqu'un et à être comblé par lui, au détriment d'un troisième exclu, ouvre la promesse d'un futur à construire dans le temps. Ce sont les tensions amour/haine, soi/autre, désir/interdit, gérées à l'intérieur de soi qui permettent à la fois de construire peu à peu le réel, à la fois de se sentir vivant. *Il n'y a pas d'amour vrai sans maniement adéquat de l'agressivité où peuvent se vivre le conflit, l'affrontement, la critique, et cela que ce soit dans des relations parents-enfants, dans des relations de couple ou des relations d'amitié.*

Quand un des enfants est le lieu de revendication des parents à être eux-mêmes réparés et comblés

Deux romans d'Annie Ernaux, *Les Armoires vides* et *La Place* d'abord, puis un roman de Balzac, *La Rabouilleuse*, vont nous servir d'illustration à cette même problématique si fréquemment rencontrée.

« LES ARMOIRES VIDES » ET « LA PLACE »

Dans *Les Armoires vides* [1], l'héroïne Denise Lesur nous est présentée au début et à la fin du livre en train de se faire avorter. Ce sera une méditation et une plongée dans les souvenirs de son enfance et de son adolescence à la recherche du comment elle a pu en arriver là. *La Place*, écrite dix ans plus tard, est présentée comme une autobiographie qui reprend – avec davantage de sérénité – une histoire très analogue. Là, Annie Ernaux raconte cette fois la mort de son père avec le même procédé littéraire d'un événement qui ouvre et ferme le récit, et qui est l'occasion de partir en quête de ses souvenirs.

On peut lire ces livres comme des romans sociologiques, parlant du fossé qui se creuse entre deux classes sociales quand des enfants, réussissant des études, laissent derrière eux des parents frustes et incultes. Ainsi des parents de Denise Lesur : cafetiers, ils mettent leur fille à l'école libre dans un désir de promotion sociale – voilà qu'elle est toujours première et qu'elle va passer le baccalauréat, et monter à Paris faire des études de lettres. Revient alors en leitmotiv la déchirure incomblable entre les deux mondes auxquels appartient Denise : d'une part ses efforts d'assimilation à une autre culture et d'autre part son enracinement dans une autre manière d'être, creusant un écart marqué par la honte indépassable de ses origines.

Nous allons approfondir cette lecture « manifeste » dans notre perspective d'une certaine façon d'aimer qui, indépendamment des contextes sociologiques, entrave chez des enfants le nécessaire travail de reconnaissance et de liaison de la haine à l'amour, laissant alors la haine faire son travail solitaire de mort... N'oublions pas que, dans ce texte, l'héroïne nous raconte l'histoire de son avortement.

• **Des parents qui essaient de tout donner, sans rien demander en retour**

Nous allons reprendre les trois paramètres essentiels que nous avions dégagés dans notre partie théorique :

– *L'amour est appris au creux des bras maternels :*

Sa mère essaie de la combler allant jusqu'à devancer ses désirs : « Un monstre, si encore ils ne m'aimaient pas... ils n'ont pas grand-chose à me dire, mais ils m'achètent tout ce qui me fait envie, des livres, un bureau, des étagères pour les livres. Elle arrive sur la pointe des pieds : t'aimerais pas avoir un fauteuil pour être mieux installée pour tes écritures, t'iras choisir toi-même », etc. Son père, en miroir de la mère, veut tout donner à sa fille sans jamais rien demander en retour, ignorant une quelconque réciprocité : il a voulu que toutes ses économies servent à aider le jeune ménage : « Nous, on n'a plus besoin de grand-chose. » Elle rend rarement visite à ses parents. « Il me confiait une bouteille de cognac pour mon mari "mais oui ce sera pour une autre fois". Fierté de ne rien laisser paraître, dans la poche avec le mouchoir par-dessus. »

Ces parents donnent « tout » ; mais précisément ils ne savent pas recevoir de cadeaux : « La fête des Mères, on doit s'y mettre trois mois avant, celle qui fait le plus beau coffret à bijoux éclate d'orgueil, on la félicite d'aimer si bien sa mère ; c'est pas la peine que je me fatigue, la mienne foutra le machin dans un coin, on n'en parlera plus. » Le don à sens unique rend ici la réparation impossible.

Aucune révolte justifiée n'est possible : elle est comblée, mais, en même temps, elle n'a aucun lieu de réparation, lui donnant alors de vivre des sentiments massifs de culpabilité.

Cette mère, en outre, a toujours eu honte de l'amour et pourtant elle aime les histoires grivoises et les raconte devant sa fille : « Ils n'avaient pas de caresses ni de gestes tendres l'un pour l'autre. »

– *Un père qui s'impose au couple mère-enfant ?*

Il ne sait pas parler ou jouer avec sa fille ; finalement, quand il veut jouer avec elle, il fait comme s'il était son copain, se laisse maltraiter dans un jeu ambigu où se mélangent sexualité et agressivité : « Bagarres, séances de coiffure, chansons, chatouille, avide, échauffée, je voulais être la plus forte. Je lui triture les oreilles, les joues, je lui malaxe la bouche pour dessiner des grimaces horribles qui me font peur "je sens rien, tu peux y aller !" Je m'arc-boute sur les barreaux de la chaise pour lui écraser le petit doigt, tout rouge, terminé par un ongle crevassé et noir. »

Un père qui ne sait pas non plus imposer une quelconque loi – sauf dans un souci du qu'en-dira-t-on : « Pas beaucoup d'interdictions. Liées à la présence des clients la plupart du temps, ne pas entrer sans dire bonjour, ne pas se faire prendre en train de piquer un chewing-gum devant une cliente. Hurlement. Qu'est-ce que tu fais là ? C'est pas ta place. La comédie habituelle pour rassurer les clients (...) toute la journée je faisais ce que je voulais. » Père qui finalement, au lieu de s'imposer, se fait exclure du couple mère-fille : « On n'avait pas besoin de lui. »

Donc, aucune imposition de limites dans un maniement possible de l'agressivité par un père qui tiendrait sa place et serait reconnu à la fois par la mère et par la fille.

– *La manière dont les parents s'aimaient entre eux.*

« Lui et ma mère s'adressaient continuellement la parole sur un ton de reproche jusque dans le souci qu'ils avaient l'un de l'autre. Mets ton cache-nez pour dehors ! on aurait dit des injures. Ils chicanaient sans cesse pour savoir qui avait perdu la facture du limonadier, oublié d'éteindre la cave. Elle criait plus haut que lui parce que tout lui tapait sur le système, etc. Échange hebdomadaire zéro ! cinglée ! triste individu ! vieille garce ! »

Ainsi l'agressivité est-elle érotisée et sert-elle à dire le lien entre les parents, mais dans une décharge brute et gratuite, servant surtout l'expulsion directe des tensions.

Ces parents se présentent avec la conviction qu'ils ne comptent pas et, se sentant dénués de valeur, ils ne se pensent aucun droit face à leur fille. Dans ce contexte, où, faute d'un sentiment de valeur personnelle, les parents ne se proposent pas comme modèles à leur fille, ni ne se donnent le droit de poser des interdits, ces deux rôles vont être délégués à la fille elle-même, celle-ci devenant l'« idéal » des parents, « chaque composition réussie, plus tard chaque examen, autant de pris, l'espérance que je serais mieux que lui » et devenant aussi le juge du père avec la complicité de la mère : « Ma mère cherchait à employer mes mots, flirt, être crack. On n'avait pas besoin de lui. La dispute éclatait à table pour un rien. Je croyais toujours avoir raison parce qu'il ne savait pas discuter. Je lui faisais des remarques sur sa façon de parler ou de manger ; j'étais sûre qu'il était légitime de vouloir le faire changer de manières. »

Éloquent renversement de rôle... On voit là, non la circulation des échanges à trois, mais des relations à deux contre un dans un mélange des générations où il lui est impossible de trouver la place qui devrait être la sienne.

• Les conséquences : un sentiment de culpabilité et d'impuissance menant à l'autopunition

D'abord, nous trouvons chez Denise *un sentiment diffus et sans fond de culpabilité* non dépassable car la haine est vécue comme gratuite, non justifiée. Ces parents ayant tout donné à leur fille dans un oubli d'eux-mêmes l'ont, malgré eux, érigée en idole, sans liens d'échange entre eux. La conséquence est double : à la fois ils l'ont fait vivre dans un contexte particulièrement insécure puisqu'ils se présentaient comme des modèles d'identification sans valeur et indignes eux-mêmes d'être aimés et respectés (les bases narcissiques de l'enfant se construisent sur celles des parents), à la fois ils ne lui ont donné aucune occasion juste de révolte ou de reproches, comment alors aurait-elle pu faire ce travail de liaison de la haine à l'amour ? Et cette haine brute, Denise Lesur la vivra, massive, envers ses parents – haine si scandaleuse qu'elle se condamnera elle-même et ne trouvera d'autre issue que de la retourner contre elle dans une impossibilité à s'aimer ou aimer quiconque.

« Une salope que je suis » ; « Étrangère à mes parents, je ne voulais plus les regarder. Les seuls moments qui me rattachaient à eux étaient des explosions de haine ou de culpabilité. Pas de salut possible. Coupable, coupable... »

Puis... « *C'est moi que je hais.* Je leur suis montée dessus, ils triment au comptoir et je les méprise... À quoi ça sert, je n'ai pas d'amie, je ne m'attache à personne... Les mouches tourniquent sur la vieille cloche à formage bosselée, la même depuis dix ans. C'est peut-être moi qui les ai empêchés de s'acheter une belle épicerie. Pourrissants rue Clopart. Je ne peux rien pour eux... »

Comment ne pas se sentir submergée par un sentiment d'impuissance et de désespoir ? : « Toutes les prières de pénitence n'y feront rien. Il faut que je sois punie... » « Moi seule, je reste avec mon vieux péché inclassable », etc. Pas de rémission possible ; elle se vit confrontée au désespoir d'être à tout jamais mauvaise face aux autres filles qui, toutes, échappent à cette condamnation, « c'est ça qui était terrible, je croyais que c'était définitif ». *L'idéal qui aurait dû porter les projets d'être comme les parents rabattu sur elle a empêché le temps de se déployer.* « J'ai toujours pensé que j'étais la seule. Qu'il y avait d'autres filles comme moi, paumées à l'école, pas à l'aise, ne m'a jamais effleurée. À la fac non plus. »

Ainsi, elle se sent « à part » dans sa bulle imaginaire, isolée par son sentiment d'être un monstre d'ingratitude et du coup incapable de se mettre à la place de quiconque. Mais, paradoxalement, ce sentiment d'être à part et sa façon de s'absenter lui sont nécessaires pour *se protéger du risque de confusion entre elle et les autres*. Expliquons-nous : l'amour prodigué par ses parents a été une façon de se mouler sur ses moindres désirs – en tout cas ce qu'ils en imaginaient –, lui donnant alors à vivre qu'aimer équivalait à devenir totalement identique, le mode de vie de ses parents renforçant ce sentiment d'être confondue avec eux : « Je m'éloignais, je ne les voyais plus, mais je ne pouvais pas me séparer d'eux. » Un passage métaphorise cet espace parental comme espace entièrement ouvert et où personne n'a à sa disposition un lieu d'intimité : arrivant en retard en classe, elle entre sans frapper ni s'excuser, et ne comprend pas pourquoi la maîtresse la fait ressortir : « Chez moi on entre quand on en a envie, personne n'est jamais en retard au café. C'est sûrement un moulin chez moi. »

Face à son angoisse d'empiétement, par manque de frontières, elle trouve alors une parade dans des essais de détachement : « Je commençais à ne rien voir, à ignorer. La boutique, le café, les clients et même mes parents », etc. Ce désinvestissement des parents est une des issues trouvées face à un travail psychique de différenciation d'avec eux qui n'a pas pu se faire, car encore une fois l'amour sans frontières et sans loi, c'était *l'engouffrement, la perte d'identité.* « Quand ai-je eu une trouille folle de leur ressembler à mes parents... Il a fallu des années avant de gueuler en me regardant dans la glace que je ne peux plus les voir, qu'ils m'ont loupée », *l'angoisse de ne plus savoir qui elle est*, en tout cas de ne plus savoir si elle n'est pas devenue identique à eux, si elle se laisse aller à les aimer à son tour. Ce qui pour elle voudrait dire avoir les mêmes désirs qu'eux.

Alors elle ne peut guère plus pour elle, « cette gosse à qui tout était permis », que de prendre ce qui lui fait envie dans l'instant : « Le bonheur des petits chats d'ouvrir les yeux et de regarder. Tout était à prendre. Même si ça me dégoûte de me rappeler ce que j'aimais, ce que j'admirais. Le monde était là en mille morceaux de faim, d'envies de toucher et de déchirer, attachés ensemble par le petit fil tenace, bavard, moi, Denise Lesur, moi... » Il s'agit là de prendre, mais surtout de ne pas être pris ni de s'attacher dans une *angoisse folle de dépendance* ; les flirts : « Ma revanche ; le plaisir et la pureté confondus, je n'appartiens à personne. Mais je leur prends des manières, des mots, des goûts » ; quand on ne peut pas ressembler à ses parents, « pas de modèle, rien, le truc horrible », il faut bien chercher à imiter : « Toutes les autres vivent pour elles. Elles écoutent, elles écrivent, elles vont tranquillement aux cabinets ; et moi je les regarde écouter, écrire et aller aux cabinets. »

Nous ne serons pas étonnés si ce monde, où il s'agit d'imiter et de prendre aux autres les signes apparents de la réussite, est un monde dans lequel les valeurs intérieures ne prennent pas sens et même sont tournées en dérision. Mais qu'était la morale de ses parents ? Un jour sa mère la trouve avec un garçon : « Peur, c'est tout ce qu'elle avait à cause des babillages des clients, de mes études (...) sa morale, c'était de la trouille. »

Toutes les « valeurs » sont subverties ; elles deviennent des moyens d'être supérieure aux autres, par exemple le catéchisme ; mais voilà que le jour de la communion, sa robe, sa famille ne sont pas à la hauteur : « Il n'y a que moi sur le carreau, fini le triomphe, Denise Lesur la première du catéchisme, la supériorité, l'espérance, idéal, bouquets cadeaux... ma robe fait camelote, elle est salie j'en pleurerais de rage... c'était bien la peine de se monter la tête au sujet de cette première communion, dix fois pires que les autres jours... » Soit on cherche à atteindre l'idéal, être le premier, le mieux, soit il n'y a plus rien, que le sale, le moche, la honte. *C'est le règne du tout ou rien, du triomphe sur l'autre ou de l'humiliation.*

- **La double valence de la haine**

Si toutefois la morale ou la religion vont être refusées, car elle s'y sent condamnée, en revanche ce qui va servir ce « triomphe » qu'elle cherche, ce moyen de renverser la situation de son vécu d'infériorité en preuve de sa supériorité, ce sera le domaine des études. Le seul salut qui lui reste est dans la revanche, la vengeance sur ce monde qui l'humilie et l'écorche vive... la haine. Et *effectivement ce sera bien sa haine qui va devenir le moteur de sa réussite intellectuelle,* dans une volonté farouche de rivaliser, de mépriser, d'écraser ses copines, de se différencier d'elles. Elle le dit et le répète : il s'agit « de les baiser toutes ».

Mais ce qui sur le plan intellectuel va être facteur de promotion et de réussite ne peut qu'échouer sur le plan affectif. Elle a construit contre les autres, mais pas pour elle, *et ce sera cette même haine qu'elle va retourner contre elle dans un besoin contraignant de s'autopunir.*

Le livre se termine sur cette idée qu'il lui faut « se justifier et se différencier ». Nous retrouvons bien là la condensation de toute sa problématique :

– *se justifier* : oui, mais où et comment se valoriser quand on se sent si vulnérable et si « haineux » qu'on se condamne soi-même ?

– *se différencier* : où et comment se différencier quand l'amour n'a pas intégré la haine et qu'il donne alors la mort de la confusion ?

« LA RABOUILLEUSE » DE BALZAC

• Agathe, une femme qui vit « pour les autres »

Si, dans ce roman, le milieu social n'est pas le même, une problématique identique y est cependant à l'œuvre : celle pour une mère d'idolâtrer totalement un de ses enfants au point d'obérer toute expression d'agressivité, aboutissant là encore à une impossibilité pour l'enfant à domestiquer sa propre violence.

Balzac met en scène une mère, Agathe Brideau, et ses deux fils, Philippe, le préféré, et Joseph, l'incompris, le mal-aimé. Au début du roman, le mari d'Agathe est présenté comme ayant tellement travaillé au service de Napoléon qu'il meurt « tué par ses veilles, au moment où l'Empereur allait le nommer directeur général, comte et conseiller d'État ». Les deux enfants ont alors quinze et douze ans.

Avant ce drame, le couple parental était très uni ; Agathe, femme simple, courageuse, aimante, ne vivait que pour faire plaisir à son mari, et ce dernier le lui rendait bien ; cependant, Balzac note qu'« il est plus facile à une femme d'être bonne épouse que d'être bonne mère » et qu'alors « Agathe n'aimant plus rien au monde que ses enfants et ne voulant plus vivre que pour eux, elle se refusa à de secondes noces et par raison et par fidélité ». C'est que, « séparée du seul homme qu'elle eût connu, estimé, aimé, qui ne lui avait pas causé le moindre chagrin, elle ne s'était plus sentie femme, tout lui fut indifférent ; elle ne s'habilla plus (...). *Certains êtres reçoivent de l'amour la puissance de transporter leur moi dans un autre ; et quand il leur est enlevé, la vie ne leur est plus possible.* Agathe, qui ne pouvait plus exister que pour ses enfants, éprouvait une tristesse infinie en voyant combien de privations sa ruine allait leur imposer » ; ainsi, Agathe ne trouve d'estime d'elle-même que dans le regard de quelqu'un d'autre, mari ou enfants, regard qui la confirme dans une bonne image ; seule, « la vie ne lui est plus possible » car elle ne se sent pas suffisamment intéressante par elle-même. Et voici comment Balzac campe le décor du nouvel appartement d'Agathe ; bien sûr sont accrochés au mur les portraits de l'Empereur et de son mari ; puis il est dit qu'« Agathe se donna deux grandes cages d'oiseaux, l'une pleine de serins, l'autre d'oiseaux des Indes. (...) La chambre, au bout de trois mois, fut (...) un fouillis qu'aucune description ne pourrait mettre en ordre. Les chats y faisaient leur domicile sur les bergères ; les serins, mis parfois en liberté, y laissaient des virgules sur tous les meubles. La pauvre bonne veuve y posait pour eux du millet et du mouron en plusieurs endroits. Les chats y trouvaient des friandises dans des soucoupes écornées. Les hardes traînaient. (...) Elle avait enveloppé une plume, et mis cette inscription sur l'enveloppe "Dernière plume dont se soit servi mon cher mari". La tasse dans laquelle il avait bu sa dernière gorgée était sous verre sur la cheminée ».

Tous ces détails accumulés disent plusieurs choses, comme déjà nous l'indiquions plus haut : d'abord, l'impossibilité qui est la sienne, après la mort de son mari, de s'intéresser à elle-même et de prendre soin d'elle (tout lui est indifférent, elle ne s'habille plus, elle ne se sent plus femme et se refuse à refaire sa vie, etc.), et, concomitant à cette non-estime d'elle-même, son besoin permanent de vivre à travers les autres qu'elle veut réparer et à qui elle veut tout donner ; à son mari d'abord, « dans lequel elle avait transporté son Moi », mais dont elle ne peut garder le souvenir qu'en fétichisant ses objets ; à ses enfants, « elle ne veut plus vivre que pour eux » ; mais aussi à ses oiseaux et à ses chats à qui elle laisse tout faire et par qui elle se laisse envahir (nous verrons que c'est bien cette même forme de relation masochique qu'elle aura avec son fils aîné), rendant l'appartement difficilement vivable pour elle et les siens.

- **La préférence éhontée d'Agathe pour un fils aîné qui « se laisse adorer par elle » et qui va exploiter la situation jusqu'au cynisme**

Pourtant, il n'est pas exact de dire qu'elle ne peut plus vivre que pour ses enfants ; en fait, il faudrait dire qu'elle ne peut plus vivre que pour Philippe, qu'elle préfère à Joseph pour plusieurs raisons : « Agathe concluait de sa ressemblance purement physique avec Philippe à une concordance morale, et croyait fermement retrouver un jour en lui sa délicatesse de sentiments agrandie par la force de l'homme (...). Joseph, de trois ans moins âgé, ressemblait à son père, mais en mal. D'abord son abondante chevelure noire était toujours mal peignée quoiqu'on fît (...) et Joseph ne pouvait conserver aucun vêtement propre (...) insensiblement, la mère s'accoutumait à gronder Joseph et à lui donner son frère en exemple (...). Philippe flattait donc toutes les vanités de sa mère (...) et elle en espérait des merveilles, elle ne comptait point sur Joseph. »

Il est vrai que ces merveilles, outre celle de sa beauté physique, semblent se réaliser très vite : Philippe s'engage au service de l'Empereur et, à dix-neuf ans, il a déjà servi d'aide de camp sur deux champs de bataille, a été fait capitaine, est décoré, devenant pour Agathe « l'homme de génie » ; même si par ailleurs il n'est que « grossier, tapageur, et en réalité sans aucun mérite que celui de la vulgaire bravoure du sabreur ; tandis que Joseph petit, maigre, souffreteux (...) rêvant la gloire de l'artiste ne devait lui donner selon elle que des tourments et des inquiétudes ».

Joseph alors a beau être malade, « toutes les anxiétés étaient pour son fils le lieutenant-colonel » qui en 1816 se refuse à rallier les Bourbons et semble, de ce fait, manifester, comme son père, un grand caractère dans sa volonté de rester bonapartiste ; « la persécution exercée sur un fidèle soldat de l'Empereur, le souvenir de la blessure reçue par ce fils chéri, son courage dans l'adversité, qui, bien que volontaire, était pour elle une noble adversité firent éclater la tendresse d'Agathe. Ce mot : *"Il est malheureux !"* justifiait tout », faisant de l'attachement aveugle d'Agathe pour Philippe un dû qui n'appelait aucune réciprocité ; si Joseph, lui, « adorait sa mère, Philippe *se laissait adorer par elle* » expérimentant jour après jour que, quoiqu'il fît, sa mère, non seulement ne s'opposait pas à lui et ne lui reprochait jamais rien, mais trouvait au contraire toujours le moyen de protéger l'image d'un homme merveilleux dont elle avait besoin pour elle-même.

Philippe part-il pour les États-Unis d'où il ne revient qu'avec des dettes ? « C'est pourtant moi qui l'ai forcé de s'embarquer, s'écria la pauvre mère ingénieuse à justifier les fautes de Philippe. » Elle réunit péniblement quelque argent pour aller l'attendre au Havre, et là, devant le récit héroïque qu'il fait de ses malheurs et le dénuement dans lequel il se trouve, elle ne peut lui refuser une garde-robe complète, le boire, le manger et tous les amusements qu'il réclame ; « Philippe s'était habitué à ériger ses moindres intérêts et chaque vouloir momentané de ses passions en nécessité (...) il semblait ingénu comme un enfant ; mais n'ayant à penser qu'à lui, jamais il ne faisait rien sans avoir réfléchi à ce qu'il devait faire ; les paroles ne lui coûtaient rien, il en donnait autant qu'on en voulait croire. L'univers commençait à sa tête et finissait à ses pieds, le soleil ne brillait que pour lui. »

À partir de ce retour en France, plusieurs choses vont progressivement entraîner Philippe à sa perte : des besoins de plus en plus grands de luxe et d'argent, des ressources personnelles sans commune mesure avec ces besoins impérieux, et le sentiment alors d'être injustement persécuté par le sort – sentiment partagé par sa mère qui « dans la croyance en son idole, s'accusait d'ignorance et déplorait le malheur des temps qui frappait Philippe ».

La première urgence, en effet, est de trouver un emploi à Philippe ; le premier soir Agathe réunit quelques amis pour fêter le retour de son fils et demander conseil à ce propos ; on joue au boston ; Philippe est sans argent, mais discrètement son frère lui glisse vingt francs dans la main ; il gagne d'abord, puis perd et bientôt est en dette de cinquante francs ; il se montre très mauvais joueur, se querellant avec tous. Sa mère alors intervient pour suggérer qu'étant donné sa fatigue il aille se coucher. Philippe parti, la parente d'Agathe, la Descoings (veuve qui était venue habiter dans le même immeuble que cette dernière), propose de louer un appartement au lieu de deux, ce qui permettrait d'économiser sept cents francs par an et de donner cinquante francs par mois à Philippe. Agathe accepte ce sacrifice, et quand Philippe se réveille, il est mis au courant de ces nouvelles dispositions qu'il accueille volontiers en affirmant qu'il ne sera de toute façon pas à charge et qu'il va trouver rapidement une place. En fait, Philippe n'est là que pour déjeuner et dîner ; le reste du temps il joue au billard, boit, fume et monte au jeu le soir ; puis un jour une place de caissier d'un journal lui est proposée à mille écus d'appointement, mais à condition de donner d'abord vingt mille francs de cautionnement.

« Depuis près de deux mois, les deux veuves, qui se tuaient à chercher ce que faisait Philippe, où et comment le placer, furent si heureuses de cette perspective qu'elles ne pensèrent plus aux diverses catastrophes du moment. »

Aussitôt Agathe dépose l'inscription de ses rentes pour servir de cautionnement. « Ce bon fils promit aussitôt de donner cent francs par mois aux deux veuves pour son logement, pour sa nourriture et fut proclamé le meilleur des enfants. Ceux qui avaient mal auguré de lui félicitèrent Agathe. » Cependant, trois mois plus tard, « le colonel qui mangeait et buvait comme quatre, qui faisait le difficile

(...) n'avait pas donné deux liards. *Ni sa mère ni la Descoings ne voulaient, par délicatesse, lui rappeler sa promesse (...). Enfin, il est heureux ! dit sa mère.* Il est tranquille, il a une place ».

Mais cette sécurité de la mère pour son fils est de courte durée : bientôt cette dernière apprend qu'il entretient une danseuse, qui d'ailleurs l'abandonne vite pour un meilleur parti, bien qu'il ait essayé de rivaliser en cadeaux avec l'autre amant, puisant dans la caisse du journal auquel il doit onze mille francs.

Cependant il a pris goût au luxe qui règne chez cette Mariette, « à toutes les caresses qui en résultaient pour les sens et pour la vanité ; cette vie qui ne se trouve d'ailleurs qu'à Paris, et qui offre chaque jour quelque chose de neuf, était devenue plus qu'une habitude pour Philippe ; elle constituait une nécessité comme son tabac et ses petits verres. Ainsi reconnut-il qu'il ne pouvait pas vivre sans ces continuelles jouissances. L'idée du suicide lui passa par la tête... ».

Il se rend alors chez son frère pour lui demander de faire son portrait, afin de le laisser à sa mère, laissant ainsi entendre ses funestes projets ; bien sûr le frère ne tient pas le secret, et on peut imaginer le désespoir d'Agathe :

« Oh ! mon Dieu ! Qu'il revienne ! Qu'il vive ! Et je lui pardonne tout ! »

Pendant ce temps Philippe, froidement, se rend à la maison de jeu : après avoir d'abord gagné, il reperd tout. Il revient alors chez sa mère, « pensant d'autant moins à sa promesse de suicide qu'il n'avait jamais voulu se tuer » ; il trouve celle-ci en pleurs, et tous lui sautent au cou : « Tiens ! pensa-t-il, l'annonce a fait son effet. » « Philippe, lui dit-elle, d'une voix étouffée, promets-moi de ne pas te tuer, *nous oublierons tout !* » Suit alors pour l'enfant prodigue un dîner délicieux avec vin, liqueurs, et la Descoings propose même des cigares car « les deux pauvres créatures avaient imaginé qu'en laissant prendre toutes ses aises à ce garçon, il aimerait la maison et s'y tiendrait »...

Voilà les commentaires qu'en fait l'auteur :

« Lorsque les hommes doués du courage physique, mais lâches et ignobles au moral, comme l'était Philippe ont vu la nature des choses reprenant son cours autour d'eux après une catastrophe où leur moralité s'est à peu près perdue, *cette complaisance de la famille ou des amitiés est pour eux une prime d'encouragement. Ils comptent sur leur impunité : leur esprit faussé, leurs passions satisfaites les portent à étudier comment ils ont réussi à tourner les lois sociales, et ils deviennent alors horriblement adroits.* »

Et effectivement, quinze jours plus tard, Philippe, « redevenu l'homme oisif, ennuyé », en apparence économe pour mieux tromper sa mère (il garde ostensiblement une redingote râpée et un chapeau pelé), reprend sa vie de café, de parties de billard et de maisons de jeu.

Seule une chose a changé : Agathe maintenant est ébranlée dans sa confiance en Philippe et vit en des « transes perpétuelles mêlées de satisfactions quand elle voyait ses sinistres appréhensions trompées ». Mais cela ne modifie en rien son comportement avec lui. L'entend-elle le soir trébucher dans les escaliers, elle ne sait que calculer à quel degré d'ivresse il est arrivé suivant la façon dont il trébuche et le bruit de sa canne qui traîne ; un soir, Philippe entrant dans sa chambre sans faire de bruit lui prend dans sa poche tout l'argent qui s'y trouvait. Agathe feint alors de dormir et... passe tout le reste de la nuit à pleurer... La seule parole qu'elle trouve ensuite à adresser à Philippe au petit déjeuner est une parole de supplication : qu'il lui demande de l'argent quand il en a besoin ! Toutefois, devant la fréquence des demandes, elle ne verra qu'une solution possible : travailler elle-même.

Inutile de détailler la suite de l'histoire qui ne fait que répéter en toujours un peu plus ignoble le même schéma relationnel : l'exploitation cynique de l'un qui se nourrit du masochisme de l'autre. Ainsi, après avoir volé sa mère, il volera l'argent et un tableau de son frère, puis il volera toutes les économies cachées dans le matelas de la Descoings qu'elle devait jouer à la loterie sur un numéro qui précisément était gagnant ce jour-là de trois millions... ce qui provoquera un tel choc chez cette pauvre femme qu'elle n'y survivra pas.

• Comment la culpabilité a enfermé Agathe dans une image déconsidérée d'elle-même, l'empêchant de demander quoi que ce soit à son fils

Dans ce moment de l'agonie de la Descoings, un dialogue se noue entre Agathe et Philippe, et éclaire leurs relations.

Il aura fallu que Philippe provoque une mort pour qu'enfin la mère ose s'élever contre lui. Ce dernier arrive ivre mort, se dit le gosier en feu et il apostrophe sa victime : « Ma vieille Descoings est au lit et me fait des yeux grands comme des soucoupes... » « Taisez-vous, monsieur, lui dit Agathe en se levant, et respectez au moins le malheur que vous avez causé. » « Oh ! *monsieur ?*... dit-il en regardant sa mère. Ma chère petite mère, ce n'est pas bien, vous n'aimez donc plus votre garçon ? » Pour la première fois, l'essai de culpabilisation par rapport à un amour maternel qui serait un dû ne fonctionne plus, et la mère lui rétorque : « Êtes-vous digne d'être aimé ? » en même temps qu'elle lui enjoint de chercher un appartement ; il ironise alors sur ce mélodrame d'un fils banni et prétend n'avoir fait que justice « en pratiquant sur les matelas de la vieille un petit nettoyage ». Outrée de tant de cynisme, la mère lui intime l'ordre de sortir immédiatement. « Si elle crève d'un terne rentré, ce n'est donc pas moi qui la tue », répond l'ivrogne. « Mais sortez donc, dit Agathe. Vous avez tous les vices ! Mon Dieu, est-ce mon fils ? »

Or cette même question « Est-ce ma fille ? », le père d'Agathe se l'était posée et y avait injustement répondu par la négative.

« Je vous aime bien, vous, ma mère, qui êtes la cause de

tous mes malheurs, dit Philippe. Vous me mettez à la porte, un jour de Noël, jour de naissance de... Comment s'appelle-t-il ?... Jésus ! Qu'aviez vous fait à grand-papa Rouget, à votre père, pour qu'il vous chassât et vous déshéritât ? Si vous ne lui aviez pas déplu, nous aurions été riches et je n'aurais pas été réduit à la dernière des misères. *Qu'avez vous fait à votre père, vous qui êtes une bonne femme ?* Vous voyez bien que je puis être un bon garçon et tout de même être mis à la porte ; moi, la gloire de la famille. »

Et, en écho à ce réquisitoire, Agathe s'écriera un peu plus tard : « Philippe a raison, mon père m'a maudite. Je n'ai pas le droit de... » Elle ne finit pas sa phrase.

Qu'apprend-on en effet au début du roman qui ne lui « donne pas le droit » de reprocher quoi que ce soit à quiconque ?

Le Dr Rouget avait épousé une fille Descoings, belle mais sotte, qu'il rendait malheureuse ; il en eut un fils un peu simplet, puis dix ans plus tard une fille, Agathe. De ce docteur, Balzac brosse un portrait à mots couverts, parlant de monstre et de père dénaturé qui se cache derrière l'axiome : un homme doit avoir du caractère !

Il nous est dit que le père ne s'attendait pas du tout à cette deuxième naissance et que celle-ci fut l'occasion d'une brouille éternelle entre lui et son meilleur ami, le subdélégué, M. Lousteau. On chuchotait que le docteur aurait juré que ce Lousteau ne mourrait que de sa main. En tout cas toute la famille de ce subdélégué s'expatria, et ils ne revinrent jamais à Issoudun.

Le père chercha à se venger sur sa fille qu'il ne reconnaissait pas comme sienne, alors que, nous affirme Balzac, elle était bel et bien légitime. (D'ailleurs il nous est dit qu'Agathe ressemblait à la mère du Dr Rouget ; quels comptes avait donc à régler ce dernier avec sa mère ?) Il imagina de l'envoyer à Paris chez le couple Descoings – frère de sa femme – qui n'avait pas d'enfants, car « il voulait déshériter sa fille, et se flattait d'arriver à ses fins en la dépaysant ». La première pensée qu'eut sa femme en apprenant cette décision fut qu'elle ne reverrait plus sa fille – ce qui effectivement arriva et qui en dit long sur la tyrannie d'un père et la démission d'une mère, incapable de protéger et de défendre sa fille.

Agathe partira donc pour Paris. Il n'y aura plus aucune relation entre elle et sa famille une fois qu'elle sera mariée. « Tout en s'affligeant de la tacite répudiation de sa famille, Agathe finit par penser très rarement à ceux qui ne pensaient point à elle. » Elle n'ira d'ailleurs à l'enterrement d'aucun de ses deux parents, les deux fois avec de bonnes raisons ; elle est prête à accoucher de son second fils quand sa mère meurt, et, pour son père, il meurt au moment du couronnement de l'Empereur alors que son mari a absolument besoin d'elle.

En tout cas, le père n'aura eu de cesse qu'elle ne soit déshéritée de sa part légitime au bénéfice du frère, et, bien qu'elle ait été prévenue par sa marraine qu'elle n'aurait rien de l'héritage si elle n'envoyait pas une procuration, elle ne répond pas et se laisse elle-même dépouiller par son père et son frère, comme si elle leur donnait implicitement raison : « Les époux *approuvèrent* ce qui se fit alors à Issoudun. »

« Qu'aviez-vous fait à grand-papa Rouget, à votre père, pour qu'il vous chassât et vous déshéritât ? » (Ce grand-père dont il nous est dit que Philippe avait hérité tout le moral.) C'est bien la douloureuse et lancinante question qu'a dû se poser souvent Agathe, lui faisant vivre des sentiments aigus et indépassables de culpabilité, et qui lui revient par la bouche même de son fils adoré. « Qu'avez-vous fait à votre père, vous qui êtes une bonne femme ? » Mais, précisément, peut-être n'êtes-vous pas, vous pas plus que moi, si bonne que vous le paraissez... D'ailleurs, comment se fait-il donc que vos deux parents aient été d'accord pour vous abandonner et qu'en retour vous les ayez vous-même délaissés ? Comment se fait-il, de la même manière, que vous n'ayez aucun contact avec votre frère ? Bien sûr, ces questions, elle ne pouvait pas ne pas se les être déjà posées elle-même et ne pas s'être inconsciemment condamnée.

Deux aspects importants de cette histoire méritent d'être notés. D'abord, cette contrainte à répéter la situation violemment injuste qu'elle a elle-même vécue : de même qu'elle avait été déshéritée par son père qui la considérait comme fille « illégitime » au bénéfice d'un fils aîné, de même va-t-elle rejeter son fils cadet (donc celui qui occupe la même place dans la fratrie qu'elle) et aduler – comme son père – son fils aîné ; on peut d'ailleurs imaginer dans ce cas toute l'ambivalence de cette préférence.

Ensuite, autre aspect généralisable : ne pas avoir été suffisamment aimé et investi fonctionne comme un redoutable piège relationnel. Sans expérience vécue d'un amour qui, du fait de l'altérité, inclut nécessairement le manque, la frustration donc la haine, *l'amour va être imaginé comme un dévouement total obligé, où aucun sentiment négatif ne doit exister.* D'autant que, nous y avons déjà insisté, la mauvaise image inconsciente qu'Agathe a d'elle-même lui impose de se restaurer dans le regard de ceux qui l'entourent : il faut qu'elle s'y voie toute bonne pour se rassurer sur le fait qu'elle n'est pas toute mauvaise, toute coupable. Ce sera bien sur cette méprise d'un amour qui se voudrait totalement comblant qu'Agathe, voulant donner ce qu'elle n'avait pas reçu, fera de son fils un monstre de cynisme.

Quand des parents, tout occupés par eux-mêmes et par leurs passions, sont gentils avec les leurs, par incapacité à s'intéresser à eux

Mauriac illustre admirablement cette situation dans *Le Désert de l'amour*. Les parents sont à table et ils parlent de leur fils Raymond ; la mère demande à son mari d'intervenir : « Si tu voyais comme il répond à mes observations, tu es d'une faiblesse ! Le docteur n'a que la force de balbutier : la sagesse est de fermer les yeux. Il entend la voix de son gendre : si c'était mon fils je te le dresserais. Le docteur se lève, gagne le jardin. *S'il osait, il crierait : rien n'existe pour moi que mon tourment. On ne pense jamais que ce sont les passions des pères qui le plus souvent les séparent de leurs fils.* »

Cette passion, c'est en l'occurrence un amour dévorant pour une de ses patientes qui l'occupe tout entier, lui faisant espérer un peu de bonheur, alors qu'il a le sentiment qu'il n'existe pour personne chez lui. Les prétendus problèmes de son fils lui apparaissent alors dérisoires par rapport à sa détresse et à sa solitude, et, s'il n'intervient pas – la sagesse est de fermer les yeux –, c'est qu'il ne peut s'intéresser qu'à lui, à sa souffrance, à ses espoirs...

« MADEMOISELLE ELSE » DE SCHNITZLER

Ce qui se passe là pour Raymond d'une « gentille » démission du père, c'est aussi ce que va vivre en plus pervers *Mademoiselle Else* [2] avec le sien.

Résumons brièvement cette petite nouvelle : Else, en villégiature avec sa tante, reçoit une lettre exprès de sa mère, lui disant qu'une nouvelle fois son père est menacé de prison si dans les quatre jours une somme de trente mille guldens n'est pas trouvée. Else avait auparavant signalé la présence dans son hôtel d'un certain M. von Dorsday connu par ses parents ; celui-ci ayant déjà prêté de l'argent à sa famille, il est alors demandé dans la lettre à Else de solliciter à nouveau l'aide de ce monsieur.

Bien entendu, ce dernier aura une requête, car, comme il le dira : « Tout a un prix dans ce monde, et celui qui fait cadeau de son argent quand il peut obtenir un cadeau en échange est un crétin fini. » Sa requête sera de la voir nue.

Cela va déclencher en Else des sentiments contradictoires insupportables qui l'acculeront à un suicide aussi « contradictoire » que ses sentiments. Mais, pour comprendre la violence du traumatisme qu'est pour elle la requête de ce vieux monsieur, il nous faut resituer celle-ci dans le contexte de l'histoire d'Else.

D'abord, ces dettes du père sont des dettes à répétition ; comme Philippe dans *La Rabouilleuse*, il a la passion du jeu et, cette fois, il est allé loin dans l'escroquerie puisqu'il a joué des deniers pupillaires dont il était dépositaire. Mais il ne semble jamais prendre la mesure de ses actes et, quoi qu'il se passe, il continue à vivre comme si de rien n'était, et à garder le même train de vie. « À la maison on évacue tout avec des plaisanteries même si personne n'a le cœur à plaisanter. Chacun a peur de l'autre, chacun est seul. » « Papa, lui, est toujours de bonne humeur. À l'Opéra, l'autre soir, pendant *Figaro*, son regard s'est totalement vidé tout d'un coup… ça m'a effrayée. C'était un autre homme. Après nous avons soupé au Grand Hôtel, il était d'excellente humeur, comme d'habitude. »

Puis elle repense que personne ne s'est jamais soucié d'elle : « Un peu de tendresse quand vous êtes jolie, un peu de sollicitude quand vous avez de la fièvre ; ils vous envoient à l'école et vous offrent des leçons de piano et de français ; l'été, vous partez en villégiature, pour votre anniversaire, vous recevez des cadeaux et à table ils parlent de n'importe quoi. Mais de ce qui se passe en moi, de ce qui ronge et s'effraie en moi, vous en êtes-vous jamais préoccupés ? Dans le regard de papa, une intuition passait parfois, vite envolée. Et aussitôt revenaient son travail, ses soucis, le boursicotage... et sans doute une femme, dans le plus grand des secrets, pas très distinguée, entre nous... Et moi j'étais seule à nouveau. Eh bien ! que ferais-tu papa, que ferais-tu aujourd'hui si je n'existais pas ? » Pourquoi faut-il que le sort de son père dépende maintenant d'elle ? Elle l'imagine en ce moment même à la maison : « À cette heure il bavarde avec maman et fume un havane dans la même pièce où après-demain il sera pendu. D'où sort-il toujours ses havanes ? Je l'entends qui rassure maman. Fais-lui confiance, Dorsday fera virer l'argent. N'oublie pas que mon intervention lui a fait gagner cet hiver une grosse somme ! »

Puis elle imagine un autre scénario ; son père est au bagne : « Son regard n'est pas fâché, seulement triste. *Il est incapable de se fâcher. Il n'aura pas le cœur à faire des reproches. Il est la bonté même, mais quelle légèreté. Il n'y est pour rien. Le jeu est une sorte de folie. La lettre non plus, il n'y est pour rien !* »

Il n'y est pour rien, certes, lui-même est pris dans des contradictions insolubles, et pourtant : « Papa connaît les hommes. Il connaît monsieur von Dorsday. Il devait bien s'imaginer que ce bon Dorsday ne donnerait rien pour rien... Il lui aurait télégraphié sinon, ou serait venu jusqu'ici. C'était plus facile et plus sûr comme ça, n'est-ce pas, papa ? Quand on a une si jolie fille pourquoi aller en prison ? Et maman, bête comme elle est, prend le stylo et écrit cette lettre. Papa n'a pas osé, lui. Non, papa, tu as spéculé avec trop d'assurance sur la tendresse de ta fille, calculé avec trop de certitude que je préférerais supporter n'importe quelle ignominie plutôt que de te laisser assumer les conséquences de ta criminelle légèreté. » Elle perçoit avec acuité le piège qui lui est tendu par ses parents : ils ont plus ou moins consciemment calculé que les charmes d'Else seraient sans doute les bienvenus dans cette tentative d'obtention d'un prêt par M. von Dorsday ; son père, cependant, prend la précaution de faire écrire la lettre à sa femme... quoique de toute façon il n'y soit bien sûr pour rien, et pour s'en persuader davantage encore, il se répète qu'il a fait gagner une grosse somme d'argent à ce Dorsday cet hiver et qu'en échange, évidemment, il sera aussitôt prêt à lui signer le chèque dont il a besoin.

Dans sa révolte haineuse et massive contre tant de lâcheté qui prend immanquablement le visage de la gentillesse (comment dans cette famille aurait-elle pu apprivoiser sa haine ?), elle crie : « Comment as-tu pu me demander cela, papa ? Ce n'est pas bien, papa ! », pour finir par ajouter « suicide-toi papa ! ».

Mais en même temps et aussitôt, comment ne se condamnerait-elle pas elle-même ? Comment une fille peut-elle souhaiter pareille issue ?... « Ne sois pas mort, papa. Puisque je suis prête. Puisque je ferai tout ce que tu veux... Comme toi, papa, je vais moi aussi être gentille ! »

Elle va alors parler à M. von Dorsday et essayer de faire tout ce que son père veut... C'est là qu'elle sera piégée dans la réalité où tout se mélangera pour elle : haine et amours incestueuses, désir et interdit, plaisir et humiliation... et la mort sera la seule issue à cette confusion de tous ses sentiments qui la rend folle.

Essayons de comprendre pourquoi : dans ce monde où personne ne s'intéresse affectivement à personne, où Else aurait-elle trouvé un appui pour apprendre et nuancer ses sentiments ? Tout est resté en friche et massif en elle : sans doute vit-elle, d'un côté, une nostalgie fusionnelle inconsciente massive et, de l'autre, une haine inconsciente tout aussi massive du fait de l'indifférence de ses proches à son égard et de l'irresponsabilité paternelle. Et cette haine, elle s'exprime dans certains fantasmes et rêveries de jeune fille : elle s'imagine être une garce qui séduit les hommes puis les renvoie et les humilie, en un mot qui triomphe d'eux. Le drame est que la « requête » de M. von Dorsday vient rencontrer chez cette adolescente ses désirs exhibitionnistes, somme toute bien banals pour une toute jeune fille, mais que le contexte va transformer en réalité traumatique.

Quelle jeune fille n'a pas eu ce type de rêverie ? Mais ici la requête de M. von Dorsday double la lâche requête de son père – c'est bien lui qui l'a « innocemment » sacrifiée à ce vieux monsieur –, donnant une signification intolérable d'accomplissement incestueux dans la réalité.

C'est pour un père adoré qu'elle va mourir, se retrouvant cette petite fille dont les sentiments n'ont pas évolué : « Donne-moi la main, papa ! Nous volons ensemble. Que le monde est beau quand on sait voler. Mais ne me baise pas la main, papa ! C'est moi, papa, ton enfant ! »

Ainsi, ces trois histoires différentes nous montrent les ravages exercés par des parents dont la gentillesse est faite d'un mélange de tentative de se faire eux-mêmes apprécier et aimer (essentiellement pour les deux premières) et de désimplication relationnelle (surtout en ce qui concerne le père d'Else). Seule l'histoire d'Agathe nous apporte des éléments particuliers de l'enfance susceptibles de nous en faire comprendre les raisons. Comment une petite fille peut-elle s'expliquer un tel rejet de la part de ses parents, si ce n'est en s'accusant inconsciemment elle-même d'avoir sans doute été mauvaise donc « non aimable » ? Mais alors il va lui falloir prouver à ses parents (imaginaires) ainsi qu'à elle-même qu'ils se sont tous trompés : elle, à l'opposé de ces derniers, se voudra avec son fils toute bonne, dévouée, prête à tous les sacrifices et oublis d'elle-même, leur montrant ainsi ce que veut dire aimer et ce qu'elle aurait attendu d'eux.

Malheureusement, son entière bonne volonté est prise au leurre d'une idéalisation de l'amour ; faute d'avoir été vécue de façon satisfaisante, la relation maternelle a été imaginée, rêvée nécessairement « pure », excluant toute forme d'agressivité, celle-ci n'ayant pas été expérimentée comme lieu nécessaire et structurant de construction des différences, mais seulement comme forme de rejet.

De l'enfance des parents de Denise Lesur et de Mlle Else, nous n'avons aucun renseignement. Mais, dans les deux cas, ces parents, comme Agathe, sont en grande difficulté narcissique. De la relation, ils ne connaissent que la crainte du rejet et de l'humiliation (dans le roman d'Annie Ernaux, les parents de Denise Lesur relativement à un certain contexte sociologique ; dans la nouvelle de Schnitzler, le père d'Else entretenant lui-même cette crainte par des conduites masochiques : il vole de l'argent pour pouvoir satisfaire ses besoins de joueur), crainte qui suscite un besoin de réparation magique ; ainsi, le père d'Else *ne prend jamais en compte ses propres agissements.* Quant aux parents de Denise Lesur et à Agathe, ce sont *les agissements des leurs* qui ne sont pas pris en compte, exigence associée à la nécessité de présenter de soi, ou de ses proches en miroir de soi, une image toute bonne et généreuse. Rappelons-nous ce que dit Else de cette inaltérable gentillesse de son père apparentée à de l'irresponsabilité ; elle imagine son père au bagne (sans doute parce qu'elle n'a pas obéi à sa demande d'aller trouver M. von Dorsday), mais, même dans ces circonstances, « il est incapable de se fâcher ; il n'aura pas le cœur à faire des reproches. Il est la bonté même, mais quelle légèreté. *Il n'y est pour rien* ». Cela ne change rien, il est incapable de lui en vouloir.

S'il n'y est pour rien, c'est sans doute qu'ayant rompu le lien à l'autre il peut croire agir comme s'il était seul à agir, et ensuite n'avoir de compte à rendre à personne... il n'est coupable de rien : il a cherché à s'autovaloriser par le jeu ; simplement, le sort n'a pas été avec lui ; il ne se sent pas plus coupable envers lui-même qu'envers sa femme ou sa fille, de même que sa fille n'aura pas à se sentir coupable si elle ne le sauve pas du bagne en monnayant ses charmes. Mais cette culpabilité qu'il ne veut pas endosser et les conséquences de ses vols, dont il ne veut pas prendre la mesure, *il faudra bien que quelqu'un d'autre en paie la note*, et ce sera Else. *On voit là combien dénier les conséquences de ses actes est une forme redoutable de violence relationnelle puisque c'est faire immanquablement porter par quelqu'un d'autre ces mêmes conséquences.* La culpabilité fait partie de la vérité du lien à l'autre et, si elle est refusée, c'est toute la relation à ceux qui nous entourent qui en est pervertie, cela étant particulièrement vrai de ce qui se passe entre des parents et leurs enfants ; cette culpabilité consciemment refusée reste d'ailleurs inconsciemment massive et présente, et se traduit dans des conduites masochiques destructrices pour soi et pour les autres : l'exemple le plus caricatural étant sans doute celui d'Agathe qui se fait, croit-elle par amour, la victime complice des actes de plus en plus délictueux de Philippe, le masochisme de l'une suscitant le sadisme de l'autre.

CHAPITRE 2

Les violences entretenues par la nécessité d'une image idéale de soi

« Les sentiments nobles poussés à l'absolu produisent des résultats semblables à ceux des plus grands vices. »

BALZAC, *La Cousine Bette.*

« Nulle part la pulsion d'emprise ne vient soutenir les efforts du moi autant que dans la poursuite de l'idéal du Moi. »

MASUD KHAN, *La Main mauvaise.*

Nous prendrons deux exemples littéraires différents de personnages qui, se voulant parfaits, sollicitent et entretiennent des formes sournoises de violence autour d'eux. L'un, Adeline, apparaît dans *La Cousine Bette* de Balzac comme le contrepoint d'au moins deux personnages : sa cousine et son mari. Autant sa cousine est mue par l'envie, autant Adeline semble inaltérable dans la bonté et la noblesse des sentiments. Et autant son mari est faible et coureur invétéré, autant elle se montre forte et chaste. Dans ces deux situations, Adeline incarne le Bien face à de redoutables forces du Mal. Mais est-ce vraiment le Bien ?

L'autre exemple sera pris chez Mauriac dans *La Pharisienne*. Le titre indique déjà la pointe polémique et critique : Brigitte Pian, chrétienne convaincue, veut très sincèrement répondre à un idéal de perfection... mais Mauriac n'est pas dupe, il nous montre comment cet idéal cache des sentiments moins avouables qui vont détruire des vies autour d'elle. Cette destruction dans les deux cas sera la conséquence d'une nécessité de correspondre à une image idéale immuable, mise en place pour lutter contre un manque profond et inconscient d'estime personnelle, qui va couper ces femmes aussi bien d'elles-mêmes que des autres.

Adeline Hulot (La Cousine Bette)

ADELINE, « UN ANGE », ET SON MARI, « UN MISÉRABLE »

Balzac brosse d'Adeline un portrait extrêmement louangeur : « C'était une de ces beautés complètes, foudroyantes (...) que la Nature fabrique avec un soin particulier ; elle leur dispense les plus précieux dons : la distinction, la noblesse, la grâce, la finesse, l'élégance (...) elle possédait les caractères sublimes, (...) et une modestie villageoise arrêtant sur son passage tous les hommes, etc. » Aussi, la voyant, le baron Hulot, aussi beau et distingué qu'elle, en fit immédiatement sa femme.

« Ce mariage fut, pour la jeune paysanne, comme une Assomption. La belle Adeline passa sans transition des boues de son village dans le paradis de la cour impériale. » Et pour elle son mari fut alors comme « une espèce de Dieu qui ne pouvait faillir ; elle lui devait tout : la fortune, elle eut voiture, hôtel et tout le luxe du temps ; le bonheur, elle était aimée publiquement ; un titre, elle était baronne ; enfin la célébrité, on l'appela la belle Madame Hulot à Paris ».

Cette âme simple fut alors convaincue que « son mari ne saurait jamais avoir de torts envers elle et elle se fit, dans son for intérieur, la servante humble, dévouée et aveugle de son créateur ». En effet, « depuis les premiers jours de son mariage jusqu'en ce moment, Adeline avait aimé son mari comme Joséphine a fini par aimer Napoléon, d'un amour admiratif, d'un amour maternel, d'un amour lâche. (...) Et il est vrai que pendant douze ans elle avait tenu le rôle de *prima donna assoluta* ». Mais son mari, inoccupé de 1818 à 1823, avait à ce moment-là repris la carrière galante qui avait été la sienne avant son mariage. Adeline, qui « savait fort bien que depuis vingt ans le baron Hulot lui faisait des infidélités, s'était mis sur les yeux un voile de plomb, elle avait pleuré silencieusement, et jamais une parole de reproche ne lui était échappé ». Pourtant, alors qu'elle pensait « qu'aucune rivale ne tiendrait deux heures contre un mot de reproche, elle ferma les yeux, se boucha les oreilles, elle voulut ignorer la conduite de son mari au dehors. Elle traitait enfin son Hector comme une mère traite un enfant gâté ».

Un petit épisode en dit long sur sa façon de dénier la réalité ; Hortense, fille d'Adeline, est avec sa mère aux Variétés et reconnaît tout à coup son père dans une loge d'avant-scène en compagnie d'une chanteuse : « Tu te trompes, mon ange, il est chez le maréchal, répondit la baronne. » Et l'auteur de commenter qu'elle les avait fort bien vus, mais qu'au lieu de penser à elle elle s'était totalement identifiée à lui, se disant en elle-même : « Ce mauvais sujet d'Hector doit être bien heureux. »

Bien sûr, ajoute-t-il, seule elle souffrait et s'abandonnait à des rages affreuses, mais quand elle se retrouvait en présence de son Hector, elle repensait à ses douze années de bonheur et était incapable de lui faire le moindre reproche : « Elle aurait bien voulu que le baron *la prît pour sa confidente* ; mais elle n'avait jamais osé lui donner à entendre qu'elle connaissait ses fredaines, *par respect pour lui.* »

Et Balzac de la comparer aux premiers martyrs, en opposition à ces femmes qui éprouvent le besoin de tourmenter leurs maris dans un « esprit de vengeance diabolique, pour s'assurer soit une supériorité, soit un droit de revanche »...

Mais ne peut-on penser les choses qu'en tout ou rien ? ou martyre, ou diablesse ? Et comment se fait-il qu'elle ne puisse penser que respect pour lui et pas du tout *respect pour elle* ou *respect pour ses enfants* ? A-t-elle donc si peu d'estime d'elle-même qu'elle se compte pour rien ? En outre, comment peut-elle, elle de caractère si noble, souhaiter ainsi participer par les confidences aux amourettes de son mari (dont elle imagine qu'elles peuvent mieux que son amour à elle le rendre heureux), alors qu'effectivement elle-même a refusé d'être la maîtresse de l'Empereur qui lui avait offert une rivière de diamants ? Il est étrange que, chez cette femme, le critère dernier pour juger ne soit pas le même pour elle et pour son mari – pour elle le devoir et pour lui le « bonheur » qu'elle semble d'ailleurs envier, pensant que les autres femmes sont plus aptes à le donner qu'elle. N'est-elle donc capable que de vivre par procuration ?

Le drame, hélas, ne s'arrêta pas là car ce genre de passion devient onéreuse avec le temps qui passe : « À cet âge l'amour se change en vice ; il s'y mêle des vanités insensées. » C'est que, pour continuer à plaire, deux impératifs apparaissent désormais : il faut rester beau à tout prix et payer de plus en plus cher les caprices des jeunes maîtresses ; c'est alors qu'Adeline s'aperçut que les largesses du baron prenaient leur source chez elle... et qu'en huit ans une fortune considérable avait été dépensée. Ainsi, lorsque le baron maria son fils, il fallut avouer à Adeline qu'il n'avait plus comme fortune que ses traitements. Mais aussitôt le baron lui assura que, grâce à des affaires en vue, il pourvoirait à l'établissement de leur fille et à leur avenir, et il calma immédiatement les inquiétudes soulevées par cette découverte. Elle est prête à croire n'importe quelle fable, plus même, elle les suscite et les espère, du moment que celle-ci innocente son mari, lui permettant alors de continuer à vivre au niveau de son rêve d'idéal.

Or voici qu'un ami du baron Hulot, père de sa belle-fille, Crevel, parce qu'il est amoureux d'elle, mais aussi parce qu'il veut se venger du baron qui lui a pris sa dernière maîtresse, essaie de la séduire. N'y réussissant pas, il lui donne des détails sur toutes les coûteuses aventures de son mari qui ont compromis le mariage de leur fille, et elle découvre douloureusement à cette occasion *qu'elle n'est pas seule à connaître les nombreuses dissipations d'Hector* et que son acharnement à essayer de tout dissimuler ne suffira peut-être pas toujours... « Elle le vit alors, tombant de jour en jour par degrés jusque dans la boue sociale, et renvoyé peut-être un jour du ministère. » Et devant « la vision indistincte des malheurs que Crevel avait prophétisés », la baronne Hulot ne sut que s'évanouir. Habituellement, comme l'autruche qui met la tête sous l'aile pour ne pas voir, la baronne pensait jusqu'ici que son déni avait le pouvoir magique de faire disparaître les turpitudes de son mari. Et il est vrai qu'elle avait réussi à maintenir une image idéale de sa famille : « Quiconque eût vu cet intérieur de famille aurait eu de la peine à croire que le père était aux abois, la mère au désespoir, le fils au dernier degré de l'inquiétude sur l'avenir de son père, et la fille occupée à voler un amoureux à sa cousine. » Mais devant ces révélations qui la confrontent à une image intolérable de son mari et d'elle par ricochet, elle n'a d'autre ressource que de s'absenter de son corps, pour encore une fois ne pas voir et ne pas savoir. La réalité ne peut différer de ce qu'elle voudrait, et tout ce qui a à voir avec du différent et de l'imprévisible perçu comme mauvais et suscitant des sentiments de honte est immédiatement refusé.

Toutefois, revenue à elle, la baronne se promet enfin d'en parler à son mari ; dès le retour du baron elle projette de l'emmener au jardin et « de lui parler du mariage rompu de sa fille et d'essayer de lui donner quelques avis ». Il arrive et, racontant combien il s'est ennuyé au Parlement, il exprime le souhait qu'au moins on s'amuse chez lui ; sa femme prend alors ce prétexte pour remettre à plus tard son projet... Nous retrouvons cette façon de s'identifier massivement au plaisir supposé de l'autre – la seule chose importante étant de ne pas le contrarier ! Elle sort seule dans le jardin ; il la suit ; il veut lui faire une déclaration d'amour ; elle s'enhardit alors, lui demandant s'il l'aime plus que Jenny Cadine et Josepha, ces deux actrices dont il est ou a été l'amant. Elle prend cependant le soin de préciser que celle qui s'autorise à parler ainsi n'est pas sa femme, comme si elle ne comptait pas et n'avait aucun droit ; d'ailleurs, lui fait-elle remarquer, elle ne lui a jamais fait aucun reproche ; en revanche, « la mère d'Hortense, elle, te doit la vérité... ».

Après un moment de silence désemparé, son mari la presse sur son cœur : « Adeline, tu es un ange et je suis un misérable... », lui dit-il puis, sans retenue ni pudeur, il déverse « dans son cœur les chagrins qui l'étouffaient », lui racontant comment il a déjà emprunté beaucoup d'argent à son oncle Fischer et tout cela, avoue-t-il naïvement, « pour une femme qui se moque de moi quand je ne suis pas là, qui m'appelle un vieux *chat teint* », mais dont l'attrait est pour lui irrésistible...

Adeline est alors bouleversée de voir des larmes dans les yeux de son mari et, rassurée sur le fait que par le biais de ces confidences elle reprend ainsi le contrôle de la situation, elle ne pense plus qu'à une chose : qu'il ne pleure plus, qu'il soit heureux et qu'elle en soit la généreuse dispensatrice : « Tiens ! J'ai mes diamants, sauve avant tout mon oncle ! » Elle est tout de suite entraînée par son besoin de donner d'elle une image toute généreuse sans prendre en compte les éléments de la réalité. Mais Hector lui conseille de les garder pour Hortense car, ajoute-t-il cyniquement, de toute façon cela ne suffirait de loin pas à rembourser l'oncle ; quel désintéressement et quelle grandeur d'âme ! pense Adeline : « Il est le maître, il peut tout prendre ici, il me laisse mes diamants, c'est un dieu »...

L'un comme l'autre sont aussi aveugles – Hector est aveuglé par ses passions, Adeline par son besoin de tout contrôler –, et c'est ce mutuel aveuglement qui va servir de toile de fond à l'inévitable ruine d'Hector et de sa famille. D'un côté, Hector, irrésistiblement entraîné par ses besoins de chercher une image valorisée de lui dans le regard toujours nouveau de jeunes maîtresses, idéalise en contrepoint sa femme et se complaît dans le rôle masochique du « vieux fou qui ne mérite pas d'avoir un ange comme compagne » et il s'avilit à faire devant elle l'étalage de ses turpitudes ; ainsi, entre eux deux, il creuse un fossé de plus en plus incomblable : « Tu es la plus sainte créature que je connaisse ; il y a longtemps que je ne me trouve plus digne de toi. » Plus il la veut « merveilleusement bonne », et plus elle se donne à voir comme telle, plus il est cruellement renvoyé à son désespoir d'être aussi vil et aussi « infâme », et il ne lui reste plus, comme il l'affirme, « qu'à se condamner lui-même ». De l'autre, une femme tellement plus préoccupée par le besoin de présenter d'elle-même et de sa famille une image idéale que de prendre la mesure des actes de son mari et de leur détresse à tous deux qu'elle n'a d'autre solution que de magiquement transformer la réalité et d'y sélectionner uniquement ce qui conforte ses besoins d'idéal et de perfection.

Ainsi ce drame se noue-t-il de l'impossibilité pour chacun d'entre eux de se reconnaître malheureux et à la même mesure de reconnaître que l'autre aussi est malheureux. C'est d'une esquive de la souffrance dans la relation à l'autre et à soi-même, par besoin de n'en sélectionner que du sublime pour Adeline et du plaisir pour Hector qu'adviendra pour tous les deux quelque chose de l'ordre de la cruauté du destin. Hector a résolu le problème en pensant que sa femme est un « ange » et qu'elle peut donc tout entendre, tout comprendre et tout pardonner – ce qui l'absout à l'avance de toute culpabilité (comme toujours, nous retrouvons une stratégie d'évitement du sentiment conscient de culpabilité, ici entériné par le comportement d'Adeline qui semble en effet tout comprendre et tout pardonner) –, et Adeline, dans son même besoin d'idéalisation, ne veut voir dans les aventures irresponsables de son mari qu'une légitime quête de bonheur à laquelle elle s'identifie et dont elle se fait la totale complice. Au fond, nous retrouvons le même problème que celui que nous découvririons chez Swann [1] : ni Hector, ni Adeline, ni Swann ne peuvent se situer par rapport à un bien et à un mal qui les transcenderaient tous les trois.

À un moment, la fille d'Adeline, mariée, découvrira que son mari la trompe, et il est intéressant d'écouter ce que la mère conseille alors à sa fille : « Imite-moi, mon enfant, sois douce et bonne, et tu auras la conscience paisible. À son lit de mort, un homme se dit : "Ma femme ne m'a jamais causé la moindre peine. Et Dieu qui entend ces derniers soupirs-là nous les compte" (...). Courage et silence, mon Hortense, jure-moi de ne parler qu'à moi de tes chagrins, de n'en rien laisser voir devant des tiers... Oh ! Sois aussi fière que ta mère ! » Ainsi, Adeline, mettant un point d'honneur à ne jamais montrer aucune peine, aucune faille et à surtout ne jamais rien demander, vient accréditer cette image de l'ange impassible, que rien n'atteint. Ce souci, qui prime tout autre, de ne rien laisser voir est d'ailleurs surtout motivé par le besoin de préserver l'image de soi et des siens. Ensuite, si nous reprenons ce qu'écrivait Levinas de la violence, ce « tu auras la conscience paisible » équivaut bien à agir comme si on était seul à agir et comme si n'avait d'importance que d'avoir une « belle âme ». En effet, ne rejoignons-nous pas là l'analyse hégélienne de cette « belle âme » qui, plutôt que de vivre des conflits avec autrui et de lutter pour se faire reconnaître dans ses droits, renonce immédiatement à tout ce qu'on veut lui enlever ? Elle se retire, non par respect de l'autre, mais par peur de l'affrontement ; alors qu'il faudrait se défendre, *elle nie la valeur d'une relation vivante à autrui qui inclut l'agressivité*. Se retirant à l'intérieur d'elle-même et préférant la solitude, elle échappe ainsi à la souffrance de l'abandon ou de la trahison ; en effet, le lien à autrui étant toujours potentiellement source de souffrance, mieux vaut le dénouer et se donner à soi-même une « conscience paisible ».

Seul Crevel ne sera pas dupe ; il perçoit combien elle est malheureuse (ce qu'elle ne supporte pas) et il lui dit combien elle le pousse à bout « avec ses airs d'impératrice, avec son dédain et son... mépris ». C'est bien cette double attitude de détresse intérieure et d'arrogance affichée qui entérinera et figera définitivement la situation. Or rappelons-nous ce qui est dit d'elle au tout début des infidélités de son mari : « Elle pensait qu'aucune rivale ne tiendrait deux heures contre un mot de reproche... » N'est-ce pas alors pervers de fermer les yeux et de vouloir ignorer la conduite de son mari au dehors ? Est-il cependant si sûr qu'un seul mot de reproche fasse ainsi disparaître les rivales ?... Ne pas avoir essayé permet précisément de continuer à penser que, si on l'avait voulu... on aurait changé le cours des événements ! Ne rien dire, ne rien faire et surtout ne pas s'affronter est la meilleure façon de garder ses illusions d'omnipotence et de se maintenir soi-même en paix.

Nous retrouvons cette problématique déjà évoquée dans le précédent chapitre : l'important est que l'autre – ici ce n'est plus l'enfant pour la mère mais le mari pour la femme – n'ait rien à leur reprocher, autrement dit que leur image reste totalement bonne : « Je ne veux pas redemander de l'argent à Hector ; *un reproche de lui me ferait trop de peine* », et qu'elle puisse se vivre comme totalement offerte, totalement donnée à l'autre, dans un entier oubli d'elle-même : « Je suis ta chose, fais de moi tout ce que tu voudras (...). Je me sens la force de te consoler, de te rendre la vie supportable à force d'amour, de soins et de respect. »

Au fond, peu importe ce que toi tu vis, ce que tu souffres,

du moment que moi je suis tout pour toi et que je peux continuer à croire que tu dépends entièrement de « mon amour » qui te fait vivre. Et, d'ailleurs, plus tu t'enfonces dans des aventures sordides, plus tu vas avoir besoin de consolations… On voit bien là combien *la question ne se pose que par rapport à soi-même et à la nécessité qui est la sienne de montrer sa générosité, donc dans un rapport purement narcissique à l'autre, sans que jamais cet autre, ainsi que ce qui serait bon pour lui, ne soit pris le moins du monde en compte.*

LA BONNE ADELINE ET ÉLISABETH FISCHER, « LA CHÈVRE »

Nous allons retrouver des rapports très semblables entre Adeline et sa cousine, Élisabeth Fischer, dite Bette ; de même qu'Adeline par son comportement « sublime » a « désespéré » son mari, de même, sans bien sûr le vouloir, elle va entretenir l'envie chez Bette, même si c'est sa fille Hortense qui l'activera, en lui prenant son « amoureux ».

Bien sûr, au départ, Adeline n'est en rien responsable du fait qu'elle est belle et que sa cousine ne l'est pas. « Lisbeth Fischer, de cinq ans moins âgée que madame Hulot (…) était loin d'être belle comme sa cousine ; aussi avait-elle été prodigieusement jalouse d'Adeline. (…) La famille, qui vivait en commun, avait immolé la fille vulgaire à la jolie fille, le fruit âpre à la fleur éclatante. Lisbeth travaillait à la terre, quand sa cousine était dorlotée ; aussi lui arriva-t-il un jour, trouvant Adeline seule, de vouloir lui arracher le nez, un vrai nez grec que les vieilles femmes admiraient. » Notons toutefois au passage que personne ne peut rien à une injustice de nature : « Elle était maigre, brune, les cheveux d'un noir luisant, les sourcils épais et réunis par un bouquet, les bras longs et forts, les pieds épais, quelques verrues dans sa face longue et simiesque. » En revanche, cette injustice se double d'une autre encore plus inacceptable : celle d'un traitement de faveur pour l'une et d'un rejet pour l'autre par leurs parents respectifs.

Adeline n'est pas non plus responsable de ce qu'elle va faire un très beau mariage, pendant que sa cousine reste célibataire en Lorraine. D'ailleurs, lors de cette ascension sociale, Adeline n'abandonne pas sa cousine ; elle la fait venir à Paris, mais tandis que l'une est installée dans un hôtel superbe, Bette loge dans une mansarde, et il n'est que de lire le texte d'un peu plus près pour s'apercevoir que les traitements qui avaient été les leurs en Lorraine – l'une jouait les princesses pendant que l'autre avait pris le rôle de Cendrillon – seront transposés à l'identique à Paris. Vis-à-vis de Bette, toute la famille affiche une grande désinvolture, pour ne pas dire beaucoup de condescendance. Et cette manière de la traiter en inférieure et de se moquer d'elle, comme l'indique le sobriquet de « chèvre » dont on l'affuble, est d'autant plus cruelle qu'elle est inconsciente et qu'elle est devenue la manière dont Bette elle-même se voit et se juge.

Ainsi, au début du roman, « Bette, résignée à ne rien être, se laissait traiter sans façon ; elle se refusait elle-même à venir aux grands dîners en préférant l'intimité qui lui permettait d'avoir sa valeur, et d'éviter les souffrances d'amour-propre » ; de cette façon, Bette avait perdu « toute idée de lutte et de comparaison avec sa cousine, après en avoir senti les diverses supériorités ».

Or voici qu'un événement inattendu avait bouleversé la vie de Bette : une nuit, un jeune Polonais en exil, Wenceslas, désespéré d'être seul et sans ressources, avait tenté de se suicider, et Bette, qui habitait à côté de lui, l'avait entendu et sauvé ; dans un réel mouvement de générosité, elle avait alors voulu l'aider à développer ses talents de sculpteur, dépensant pour lui toutes ses économies, mais faisant peu à peu de lui, dans « un mélange de brusquerie, de rudesse même et de bonté, *une chose à elle* ». Cette chose à elle, étant indistinctement investie de sentiments passionnément amoureux, autant que passionnément maternels. « Avec Wenceslas elle put satisfaire son orgueil et son besoin d'action : n'avait-elle pas une créature à elle, à gronder, à diriger, à flatter, à rendre heureuse, *sans avoir à craindre aucune rivalité* ? (...) Si parfois elle martyrisait ce pauvre artiste, elle avait en revanche des délicatesses, semblables à la grâce des fleurs champêtres ; elle jouissait de le voir ne manquant de rien, *elle eût donné sa vie pour lui.* » On retrouve là le désir de combler entièrement l'autre qui s'apparente au désir d'emprise.

Bette faisait beaucoup de cachotteries à ce propos, et un jour elle n'y tint plus et avoua qu'elle avait un amoureux ; Hortense d'éclater de rire et de déclarer, perplexe, qu'elle serait curieuse de voir celui qui a ainsi ses faveurs... c'est Bette alors qui devance l'affront : « Pour savoir comment est tourné celui qui peut aimer une vieille chèvre ? » Et Hortense de renchérir : « Ce doit être un monstre de vieil employé à barbe de bouc ? »

Mais c'est sans doute Adeline – elle qui a la réputation de grande dame aimante et aimée – qui va se montrer la plus mortifiante en lui déniant ces mêmes capacités à aimer vraiment quelqu'un et à être elle-même aimée (s'il existe, dit-elle...) : « L'aimes-tu ? » demande la baronne, et Bette de rétorquer : « Ah ! je crois bien ! Je l'aime pour lui-même, ce chérubin. Voilà quatre ans que je le porte dans mon cœur. » « Eh bien, si tu l'aimes pour lui même, avait dit gravement la baronne, et s'il existe, tu serais bien criminelle envers lui. Tu ne sais pas ce que c'est que d'aimer. » « Nous savons toutes ce métier-là en naissant », dit la cousine. « Non, il y a des femmes qui aiment et qui restent égoïstes, et c'est ton cas !... » Et Balzac de commenter : « La cousine avait baissé la tête, et son regard eût fait frémir celui qui l'aurait reçu, mais elle avait regardé sa bobine. » Non contente de cette humiliante leçon de morale, Adeline ajoute : « En nous présentant ton amoureux *prétendu*, Hector pourrait le placer, et le mettre dans une situation à faire fortune. » Non seulement elle remet en doute que Bette puisse rendre quelqu'un amoureux, mais en outre elle se place encore et toujours dans une position de pouvoir, par rapport à un obligé à qui elle pourrait, avec l'aide de son mari, rendre service...

En revanche, jamais elle ne laisse paraître d'elle aucun souci, aucune difficulté, aucune peine, aucune plainte. Elle est toujours prête à aider les autres, mais elle-même ne demande jamais rien et semble n'avoir besoin de personne. Toujours superbe et égale d'humeur, elle ne fait alors qu'enfoncer Bette dans son sentiment d'infériorité. Comme avec son mari, le fossé qu'elle creuse entre elle et les autres est décidément incomblable, car, humiliante sans le vouloir, elle pousse au désespoir, alimentant chez les autres des sentiments « justifiés » d'envie et de haine destructrice ; cette envie restée cachée au fond du cœur de Bette qui, écrit Balzac, « comme un germe de peste peut éclore et ravager une ville, si on ouvre le fatal ballot de laine où il est comprimé » – fatal ballot de laine qu'ouvrira précisément Hortense et qui, en effet, tel un germe de peste, détruira toute la famille.

Brigitte Pian (La Pharisienne)

BRIGITTE, UNE « MAINTENON BILIEUSE » QUI VEUT DONNER D'ELLE UNE IMAGE DE PERFECTION

Le souci d'une image idéale de soi n'est pas, chez Brigitte, composé des mêmes ingrédients que chez Adeline, même si, pour toutes les deux, ce souci témoigne d'un manque identique de réelle estime d'elles-mêmes.

Adeline, pauvre, fille d'un homme déshonoré, a été remarquée et aimée par un homme beau, riche et bien né. Brigitte Pian, elle, reçoit directement de son père la considération sociale : elle est fille d'un baron, préfet de la Gironde sous l'Empire. Mais elle restera longtemps célibataire, se consacrant alors à des œuvres de charité, notamment à l'achat et aux réparations d'un petit couvent ; « Elle y voulait réunir des jeunes filles du monde sous une règle nouvelle, en partie inspirée par son directeur, l'Abbé Margis. Mais les travaux n'étaient pas achevés qu'ils ne s'entendirent plus. »

À cette occasion, Brigitte, cousine de la première Mme Pian, consulte fréquemment le mari de cette dernière, qui s'y connaît en droit et la détourne alors d'un procès scandaleux et perdu d'avance. On voit déjà chez elle la difficulté à partager un projet avec quelqu'un, puis aussitôt le goût de la chicane, le besoin de triompher de l'autre. Si Brigitte Pian est ainsi aidée par ce cousin par alliance, ce dernier trouve en elle une amie à qui il confie ses déboires conjugaux. « De son côté il trouva auprès d'elle des conseils, dans les difficultés que traversait alors son ménage et qui furent si tragiquement résolues par la mort de sa femme. »

C'est à la suite de ce deuil, en secondes noces, que cet homme « qui faisait pitié, avec son air de faiblesse et de bonté, sa parole hésitante, sa bouche gourmande, ses moustaches trop longues, faites pour tremper dans les apéritifs et dans les sauces, son teint d'homme surnourri, son gros œil » épouse cette femme de tête, cette « Maintenon bilieuse » pour s'occuper de ses affaires et surtout de ses deux enfants orphelins, Michèle et Louis.

Au fond, on pourrait dire que, pour Adeline, l'image idéale est portée par ce mari qui, en la soustrayant à la honte paternelle, devient tout pour elle, devient son « dieu » dans lequel elle voudra se regarder elle-même « divine » ; elle est certes dite croyante, mais sa foi est d'abord et avant tout dans cet homme aimé jusqu'à l'idolâtrie, qu'elle voudra, par ses propres forces et au prix de nombreux dénis de réalité, maintenir dans les cieux d'illusions qu'il lui a données et qu'elle a besoin de garder pour l'estime de tous les deux ; pour Brigitte, en revanche, la foi est prise dans un système culturel traditionnel où il s'agit de faire – quoi qu'il en coûte – la volonté d'un Dieu qui lui a été transmis dans son éducation. Contrairement aux coupables faiblesse et aveuglement d'Adeline, Brigitte se veut forte, décidant et agissant toujours en fonction du « bien » supposé de l'autre, dans la volonté consciente de se rapprocher de ce Dieu qu'elle prétend servir. Si toutes deux sont croyantes, la religion ne tient pas la même place chez elles, car leur Dieu n'a pas le même visage. Pour l'une, c'est celui d'un amant qu'elle a elle-même divinisé, pour l'autre, sans visage humain, il sert de prête-nom à tous ses redoutables désirs de prendre une revanche sur une vie si peu gratifiée, si peu reconnue, si privée d'amour partagé.

Deux images idéales différentes, servant le même but de dissimulation d'une mauvaise et donc inacceptable image de soi et qui, toutes deux, auront le même pouvoir occulte de destruction... En effet, nous allons voir que, derrière l'image morale irréprochable, derrière la volonté d'être lucide, de dire et de faire la vérité, et surtout d'agir pour le bien de l'autre, c'est l'image d'une femme brûlée par l'envie et par la haine qui au fil du temps va se découvrir dans ses relations aux autres. En effet, l'idéalisation, quelle qu'elle soit, ne change pas pour autant la personne concernée, pas plus l'autre que soi-même ; elle ne fait que recouvrir et masquer ses réelles motivations qui, restant inélaborées et inconscientes, continuent à agir et à faire agir souterrainement.

La première fois que nous entendons parler de Brigitte Pian, c'est par le petit Louis qui, tout fier, se vante que sa belle-mère, qui normalement réside à la campagne, est venue habiter Bordeaux spécialement pour lui et son éducation. Cette version, c'est celle même de Brigitte Pian qui présente toujours d'elle une face idéale et altruiste ; en fait, nous apprenons qu'en l'épousant elle avait promis à son mari d'habiter Larjuzon – domaine familial avec ses bois et ses chevaux dont il ne peut se passer – et si ensuite elle répète sans cesse que Louis « est un enfant trop nerveux et trop sensible pour supporter l'internat », c'est qu'elle-même préfère la ville, mais l'argument d'un sacrifice commun pour le bien de Louis est le seul susceptible de faire plier son mari en ne trahissant pas sa promesse. Ainsi, celui qui va devoir se sacrifier « pour une bonne cause » n'est pas celui qu'on croit...

Et de fait nous allons découvrir que, derrière ses allégations morales et vertueuses – et, soulignons-le, allégations où elle est de bonne foi –, c'est toujours uniquement d'elle, de son plaisir ou de son déplaisir qu'il s'agit. Habiter Bordeaux signifie faire passer son plaisir avant celui de son mari. Mais souvent c'est son déplaisir qui, brutalement sollicité, va déchaîner en elle de violents désirs inconscients de destruction ; bien sûr, là encore, ces désirs inavouables se transformeront en désirs conscients d'aider l'autre et d'agir pour son bien. C'est sans doute sa relation avec M. Puybaraud et Octavie Tronche qui en est la plus belle illustration.

COMMENT ELLE UTILISE LA RELIGION ET LA MORALE POUR SERVIR SES PROPRES DÉSIRS D'EMPRISE

M. Puybaraud est préfet des études au collège religieux fréquenté par Louis et il a pour ce dernier une tendresse toute particulière. Un jour, il attend Louis dans la cour et lui remet une lettre cachetée en lui demandant de la mettre à la poste. Louis est très étonné que cette lettre, comme il était d'usage, n'ait pas été remise au censeur ; il lit l'adresse et découvre qu'elle est adressée à Mlle Octavie Tronche, professeur dans une autre école libre.

Louis poste donc la lettre, mais ne peut s'empêcher d'en

parler le soir à sa belle-mère ; quoi ? M. Puybaraud ? Octavie ?...

N'oublions pas qu'elle-même s'est mariée très tard, en secondes noces, pour des raisons plus raisonnables qu'amoureuses. Or voici qu'une vieille fille ingrate – peut-être plus qu'elle – est amoureuse et a su éveiller des sentiments d'amour chez le précepteur des études, M. Puybaraud. La similitude de situation fait apparaître encore plus cruellement la différence entre son couple et le leur, elle qui n'a jamais suscité d'élans amoureux. Il va alors lui falloir casser ce lien intolérable pour elle dans la mesure où il attaque directement l'image et l'estime d'elle-même. Ainsi, toute expérience qui la renvoie à un manque et à une frustration éveille en elle une envie consumante qui la meut à vouloir détruire l'autre et les liens qu'il a créés, par exemple en culpabilisant ces liens... afin tout simplement de rétablir l'équilibre personnel menacé. Elle n'aurait plus rien à envier si, par exemple, elle arrivait à persuader M. Puybaraud que l'inclination qu'il a pour Octavie n'est que l'œuvre du démon...

Apprenant cette incroyable nouvelle, Brigitte Pian, suivant l'image qu'elle cherche à donner d'elle, se veut modérée dans ses jugements : « Remarque, mon enfant, que je ne soupçonne rien de mal (...). Jusqu'à preuve du contraire, nous ne devons le taxer que d'imprudence ; j'ai toujours pensé que sa piété toute affective l'exposerait aux démarches les plus inconsidérées ; grâce à toi je pourrai intervenir à temps... » Puis, tout à coup submergée par une brusque violence, elle ajoute : « Octavie... Je vous demande un peu ! Toutes des chiennes... » Cette autre femme qu'un homme regarde avec amour, elle la salit et la rabaisse au rang d'une impudique chienne en chaleur...

Octavie Tronche travaille régulièrement pour Brigitte Pian, et, lors de sa venue, cette dernière va, avec une grande habileté, la forcer à des confidences. Elle prétend que non seulement elle a fait de nombreuses erreurs dans l'envoi du

Bulletin, mais que, dans le texte dicté, certaines phrases n'ont plus aucun sens.

« C'est vrai que je ne sais où j'ai la tête, ces temps-ci », balbutie Octavie qui de fil en aiguille sera amenée à avouer ses amours à une Brigitte Pian qui va cruellement souffler sur elle le chaud de l'intérêt qu'elle lui manifeste et le froid de l'humiliation.

« Alors, vous aussi, ma pauvre Octavie, vous croyez qu'on vous aime ! »

Octavie ne réagit pas à l'affront, et Mme Brigitte s'empresse de poursuivre en tentant de la culpabiliser : si elle avait pu croire qu'elle était appelée à une vocation plus haute, il n'était toutefois pas mal de fonder un foyer chrétien ; quoi en effet de plus simple ?

Ce qui met la pauvre Octavie sur le gril, car effectivement le choix qu'elle a fait n'est pas du tout simple... et Mme Brigitte pousse alors sa tentative de culpabilisation un peu plus loin : « Malheureuse enfant, dois-je comprendre que la personne en question est liée à quelqu'un qui ne souffre pas de partage ? Iriez-vous sur les brisées de Dieu même ? »

Octavie éclate en sanglots pour dire que M. Puybaraud (car bien sûr il s'agit de lui) est libre, ayant eu l'accord de ses supérieurs – ce à quoi Mme Brigitte insinue qu'elle pourrait, elle, avoir des avis différents – et Octavie d'avouer alors que M. Puybaraud n'arrive pas à y voir clair et attend les lumières de Mme Brigitte pour retrouver la paix ; pourtant, il aimerait tant avoir un petit garçon ressemblant à Louis, ajoute-t-elle...

Inutile de vouloir attendrir Mme Brigitte qui renchérit en rationalisations perfides : « Oui, oui, le démon n'attaque pas les être nobles et candides sans prendre des détours. (...) Mais ce regret de n'être pas père, cela peut n'être pas mauvais. C'est l'avis de son directeur (...). Qui nous dit qu'il n'y a pas là le signe que sa vocation est de céder à cet appel ? »

Brigitte Pian hoche la tête : « Nous ne devons pas écarter cette hypothèse... Bien qu'à vrai dire, Dieu n'a pas accoutumé d'appeler une âme sur les hauteurs pour la rejeter dans les bas-fonds. » Et Octavie, désespérée, en conclut que le verdict sera inexorable de sa part : « Mais non, Octavie, ne me jugez surtout pas hostile *par principe*. » Et Mme Brigitte de lâcher du lest, envisageant alors que, si M. Puybaraud se détourne ainsi de sa vocation, c'est que cela est peut-être nécessaire au salut d'Octavie. Puis, face à la joie retrouvée d'Octavie, elle fait brusquement machine arrière : « Et vous accepteriez de sang-froid ce sacrifice, ma fille ? »

Elle brosse alors un portrait déchu de M. Puybaraud : « Car il ne faut point se dissimuler qu'une désertion de cet ordre, même (et surtout) aux yeux des mondains, enlève tout crédit à ceux qui y cèdent (...). Toutes les portes se fermeront devant lui, et comme il n'est personne qui soit plus désarmé dans les nécessités de l'existence, vous devez bien vous persuader qu'il va se trouver engagé par vous dans une vie besogneuse, pour ne pas dire misérable... » À l'Octavie qui lui répond qu'elle est vaillante, elle assène un nouveau coup : « Vous n'êtes pas forte, vous le savez bien, le travail de secrétariat que vous fournissez ici (et qui n'est quasi rien), c'est déjà trop pour vous en dehors de vos fonctions à l'école libre : ne voyez là aucun reproche. » Et comme Octavie avance timidement qu'ils avaient espéré que, peut-être, M. Puybaraud pourrait être appointé par le secrétariat des Œuvres où il travaille gratuitement depuis des années, Mme Brigitte s'étonne qu'elle puisse manquer de tact à ce point.

« Il faut que vous ayez perdu le sens, ma fille... Sans compter qu'il n'est pas dans les usages de rétribuer, avec l'argent des pauvres, un travail que tant de clercs peuvent dispenser, sans compter les pieux laïques. Non, nous ferions tout le possible, qui serait de recommander M. Puybaraud, dans la mesure où l'on peut recommander, sans imprudence, un homme qui se serait mis par sa faute dans une situation aussi basse, et qui d'ailleurs ne possède à ma connaissance ni titres, ni diplômes... »

Et Mauriac d'ajouter que, quand Brigitte Pian a ainsi précipité quelqu'un dans un abîme d'affliction, elle prend soin de le relever peu à peu et de lui insuffler quelque espoir...

C'est ainsi que, pour mieux prendre en mains la situation et ne pas risquer d'être désavouée par le directeur de M. Puybaraud, Mme Brigitte, « qui comme tous les êtres vraiment saints, dissimulait tant de bonté sous des dehors austères avait compris que M. Puybaraud avait besoin de calme, de solitude pour réfléchir et se résoudre au meilleur parti, et qu'elle... avait eu la charité de bien vouloir de lui, ces vacances, à Larjuzon ».

Durant la première semaine passée par M. Puybaraud à Larjuzon, Mme Brigitte, dont la vocation est de « révéler aux autres les vues que Dieu avait sur eux, du fond de son éternité », est comblée d'être, lui semble-t-il, écoutée comme un oracle ; mais très vite il faut déchanter ; elle doit reconnaître qu'elle a affaire à une « brebis plus rétive qu'il ne paraissait au premier abord ; c'est une âme fuyante... se disait-elle et elle en vint à l'accuser de se dérober à la grâce, c'est-à-dire... à ses directions. Elle affirmait que M. Puybaraud n'avait été enlevé de son collège que parce qu'il se trouvait destiné au cloître, et que désormais, la seule question tenait dans le choix de l'ordre... ».

Mais peu à peu, Madame Brigitte doit se rendre à l'évidence : Octavie, bien qu'absente, a plus de pouvoir qu'elle sur M. Puybaraud ; et sans doute précisément parce qu'elle est loin, Octavie trouve, dans les lettres qu'elle lui écrit, la force de résister : « Même une personne très supérieure à nous par la vertu, par l'expérience et par les inspirations, ne peut suppléer à cette connaissance personnelle du vouloir divin qui est le fruit de la vertu d'abandon... » Elle ira même jusqu'à porter le jugement que « Mme Brigitte voit faux » – jugement qui pèsera cruellement par la suite sur leur destinée car c'est pour cette dernière l'injure la moins pardonnable, tant elle est juste.

L'atmosphère « devint vite irrespirable » à Larjuzon ; les rapports de M. Puybaraud et de Mme Brigitte tournent décidément à l'aigre ; un soir une dispute violente éclate entre eux deux, M. Puybaraud ayant finalement pris la décision d'épouser Octavie et de quitter Larjuzon ; le lendemain matin au moment du départ, Mme Brigitte tient à faire des excuses car elle s'en veut de s'être laissée aller à tant de violence « quand je crois qu'une âme se trompe, je ne me contiens plus [donc finalement elle s'est emportée pour une bonne cause, et ses excuses n'ont pas lieu d'être]. Mais maintenant c'est fini, vous n'aurez pas d'amie plus sûre dans la vie (...) pleine d'épreuves qui s'ouvrent à vous ». « Oh ! Madame Brigitte, vous savez bien que si vous prenez notre cause en main... », implore alors M. Puybaraud... « Mais ce matin-là, Madame Brigitte se sentait en veine d'humilité, et plus M. Puybaraud voulait qu'elle fût toute-puissante, pour les maintenir, lui et Octavie, dans leurs fonctions, plus elle s'effaçait et trouvait de joie à disparaître, à s'anéantir. »

Les épreuves « prophétisées » par Mme Brigitte se réalisent en effet... pour la bonne raison qu'elle ne les soutient aucunement pour ce maintien dans leurs fonctions ou, pour le moins, pour retrouver du travail ailleurs... Non, en revanche elle exerce sa « charité » en forçant M. Puybaraud à venir tous les quinze jours chez elle, pour lui remettre une enveloppe contenant un peu d'argent dont le ménage vit. Cette solution charitable rétablit le rapport de forces en sa faveur : c'est bien elle qui a vu juste et c'est elle qui a eu raison, mais elle n'abandonne pas pour autant ce couple... qu'elle humilie en lui faisant, elle-même très régulièrement, une aumône gratuite.

Octavie est alors enceinte, mais elle est menacée d'une fausse couche. Le médecin a prescrit un repos absolu pour elle – ce repos incluant le fait qu'elle n'ait aucune contrariété. Et son mari, pour protéger ce repos, lui a alors menti, prétendant qu'il gagne sa vie et que l'argent, régulièrement ramené, vient de l'archevêché. Mais comment expliquer cela à Mme Brigitte ? Et quelle angoisse si elle vient voir Octavie, et lui dévoile la vérité ! Mais bien entendu cette dernière ne l'entend pas de cette oreille : elle se refuse à rendre visite à Octavie « tant que son mari n'aura pas réparé l'offense faite à la vérité », et un jour de nouveau une violente dispute éclate à ce propos, avec cette fois menace d'arrêt des subsides. Elle avertit alors qu'elle viendra le lendemain, apportant un pot-au-feu, mais elle exige que la lumière soit faite d'ici là sur l'origine de l'argent.

Ce sera le dernier acte de cet odieux mélodrame que Mauriac commente en affirmant qu'elle aurait frémi, si elle-même avait connu ses réels sentiments à l'égard d'Octavie... Le drame se nouant de ce que précisément elle se connaît si peu, qu'elle a si peu conscience de ses réelles motivations et qu'elle a tellement besoin de mettre ses « obligés » sous emprise charitable, afin de se rassurer sur elle-même et sur ses bons sentiments...

Le lendemain, elle vient donc rendre visite aux Puybaraud dans le misérable meublé dont elle paie la location. Et que voit-elle en entrant dans la chambre ? Un piano qui occupe la majeure partie de la pièce... « Comment expliquer qu'ils n'avaient pu se passer cette fantaisie, absurde puisque ni l'un ni l'autre ne savait jouer de piano, bien qu'ils prissent un plaisir égal à retrouver avec un doigt, sur le clavier, des airs de cantiques ? Même s'ils n'avaient pas été dans la misère, cette location eût été difficile à excuser ; mais quand on en est réduit à vivre de la charité des gens... » « C'est curieux, ce piano ne figure pas dans l'inventaire qui m'a été remis lorsque j'ai loué pour vous ce logement... » Octavie s'empresse d'en prendre l'entière responsabilité – mais son mari dément : cette distraction est autant pour lui, appelant sa femme « chérie ». Et Mauriac encore une fois de souligner combien ce petit mot doux qui « rend sensible leur ignoble intimité » sera insupportable aux oreilles de Mme Brigitte. « Quelle distraction ? celle de jouer avec un doigt comme je vous ai souvent vu faire à l'École libre, au risque de vous rendre ridicule aux yeux des élèves ? » Le ton monte, et Octavie, secouée de sanglots, écoute Mme Brigitte leur dire qu'ils ont là dépassé les bornes : « Par exemple, ça oui ! il y a une limite, même à la vertu ; je dois me garder contre toute faiblesse, et si charitable que j'aie pu être à votre égard, je ne prétends point pousser la bonté jusqu'à la sottise... »

Tout est dit. Tout est joué. La « charité » de Mme Brigitte a tout détruit de ce couple : une double phlébite terrasse Octavie après une fausse couche, et M. Puybaraud refuse de la revoir.

Ainsi voit-on mieux en quoi le besoin de vivre au niveau d'images de perfection s'apparente, dans la relation à l'autre et à soi-même, à un comportement violent. Un lien puissant existe entre la relation d'emprise et la poursuite contraignante d'une idéalisation de soi, de l'autre, voire des deux ensemble. Cette stratégie est en effet mise en place pour ignorer des secteurs inacceptables de soi-même, faisant perdre le contact avec ses réels sentiments et donc toute empathie à l'égard d'autrui. Pourtant, ces secteurs refusés existent bel et bien en soi, mais, n'étant pas compatibles avec les exigences d'une image parfaite, l'autre sera utilisé pour servir ce refus, soit par idéalisation en miroir (c'est le cas d'Adeline avec Hector), soit en devenant le dépositaire obligé du « mauvais » (M. Puybaraud et Octavie pour Brigitte Pian). Mais, dans tous les cas, *l'autre, nié dans ses besoins ou ses désirs, est alors assujetti à soi dans un rôle imposé et immuable.*

Pour Adeline, Hector, en lien avec des éléments de réalité comme sa beauté ou ses titres de noblesse, est devenu l'idéal d'elle-même, lui servant à occulter la honte de son enfance liée en partie à son père. Apprend-elle la débauche de son mari, elle ne veut pas y accorder foi car elle serait elle-même renvoyée à ses propres sentiments de honte qu'elle a voulu à tout jamais proscrire ; que fait-elle alors ? Elle ne veut pas voir, ne veut pas savoir et se persuade elle-même de sa grandeur d'âme et de son amour dans ce rôle muet de victime consentante ; à la limite, si cela reste secret pour le reste du monde et que, l'image sociale étant préservée, elle garde la maîtrise, veut-elle encore bien savoir... Mais, même quand il n'est plus possible de nier l'évidence, elle continue à croire que l'amour consiste à ne pas contrarier Hector et à ne pas lui dire qu'elle souffre. Elle le laisse s'enfoncer *seul* dans sa déchéance, sans un mot d'explication, sans une plainte sur elle-même, sans un geste de compassion pour lui. Il lui faut, quoi qu'il fasse et quoi qu'il se passe, dénier la réalité déshonorante – le refuser dans ce qu'il est et ce qu'il agit – pour ne maintenir de lui qu'une image irréprochable dans laquelle elle puisse continuer à se voir et à se restaurer. Elle a distribué d'avance les rôles : Hector est parfait ; et, pour se regarder parfaite en lui, il lui faut cacher sa souffrance : ces rôles doivent être immuables pour assurer l'estime d'elle-même.

Pour Brigitte Pian, si les rôles sont là aussi assignés, ils le sont un peu autrement : n'ayant eu apparemment aucun miroir aimant dans lequel se regarder belle ou bonne, elle s'est forgée toute seule (peut-être dans un désir très sincère de se vouloir à l'image de Dieu ?) une « sainte » image d'elle-même, confondant sa voix, faite de revendications envieuses, avec celle de la vérité et de la justice. Dans ce cas, ce n'est pas l'idéalisation de l'autre qui va primer, mais la sienne propre, jointe à l'expulsion active du mauvais sur M. Puybaraud et Octavie, grâce à quoi elle va trouver deux bénéfices : le premier, et non le moindre, étant de s'ignorer elle-même mauvaise, et le second de trouver une jouissance sadique à les contrôler et à les torturer jusqu'à les détruire.

On voit là combien les besoins d'autovalorisation d'une seule personne, la poussant à utiliser des proches pour nier le mauvais en elle, sont des bombes à retardement qui ne peuvent qu'éclater un jour ou l'autre.

CHAPITRE 3

La violence sous-jacente à l'indifférence

> « Pendant ces quarante années où nous avons souffert flanc à flanc, tu as trouvé la force d'éviter toute parole un peu profonde, tu as toujours tourné court. J'ai cru longtemps à un système (...) jusqu'au jour où j'ai compris que, tout simplement, cela ne t'intéressait pas. J'étais tellement en dehors de tes préoccupations que tu te dérobais non par terreur, mais par ennui. »
>
> MAURIAC, *Le Nœud de vipères*.

C'est dans les romans de Mauriac que nous allons chercher des illustrations à cette violence qu'exerce sur les autres l'indifférence par ignorance des liens.

En effet, relisant son œuvre, j'ai été frappée de constater combien ce thème est constant chez lui et pourrait être considéré comme le fil rouge de toute son œuvre romanesque. Bien sûr, les trois romans que j'ai choisis ont d'autres fils susceptibles d'être privilégiés : le fil de l'homosexualité latente chez Thérèse dans *Thérèse Desqueyroux*, le fil de l'avarice chez Louis dans *Le Nœud de vipères*, le fil de la crise du milieu de la vie chez le Dr Courrèges dans *Le Désert de l'amour*.

Mais, sous-jacente à ces thèmes, c'est d'abord et avant tout d'une indifférence de leur environnement, alliée à un sentiment d'incommunicabilité, que souffrent ces trois personnages...

Thérèse dans « Thérèse Desqueyroux »

Au début du roman, Thérèse sort du palais de justice ; elle vient d'être jugée pour avoir empoisonné son mari ; un « non-lieu » a finalement été prononcé. Malgré la présence de son père et de son avocat, dès les premières pages, Thérèse est campée comme douloureusement seule. Les deux hommes discutent ; elle « s'efforce de ne pas entendre les propos du petit homme aux courtes jambes arquées qui, pas une fois, ne se retourna vers sa fille ; elle aurait pu choir au bord de ce chemin : ni lui ni Duros ne s'en fussent aperçus ».

Pour le père, en effet, qui doit se présenter bientôt aux élections sénatoriales, la seule chose importante dans cette affaire, c'est que l'honneur du nom soit sauf. Cependant, la question qui l'agite présentement dans son dialogue avec l'avocat, c'est de décider quelle stratégie adopter. Vaut-il mieux faire front en écrivant tout de suite un article dans *Le Semeur* ? Ou est-il préférable de privilégier l'étouffement de l'affaire ?

Arrivés à la voiture, enfin, son père semble s'apercevoir qu'elle est là : « Alors tu es contente ? » lui dit-il ; à voix basse elle répond : « J'ai tant souffert... Je suis rompue... puis s'interrompt : à quoi bon parler ? Il ne l'écoute pas, ne la voit plus. Que lui importe ce que Thérèse éprouve ? Cela seul compte : son ascension vers le Sénat interrompue, compromise à cause de cette fille (toutes des hystériques quand elles ne sont pas des idiotes). Heureusement, elle ne s'appelle plus Larroque, c'est une Desqueyroux. La cour d'assises évitée, il respire. »

Thérèse suggère qu'après quelques jours elle pourrait peut-être revenir chez lui. « Tu deviens folle tout à fait ? Quitter ton mari en ce moment ? Il faut que vous soyez comme les deux doigts de la main... (...) entends-tu ? jusqu'à la mort... »

L'avocat lui dit adieu avec ces mots : « Tout est bien qui finit bien »...

Thérèse monte dans un compartiment du train ; qu'il lui reste peu de temps pour préparer aussi bien sa confession que sa défense ! Et Thérèse d'osciller entre désir de dormir, rêves, rêveries, à la recherche d'elle-même et de ses souvenirs d'enfance. Mais comment expliquer son crime à Bernard puisqu'elle ne peut pas se l'expliquer à elle-même ?

« Où est le commencement de nos actes ? Notre destin, quand nous voulons l'isoler, ressemble à ces plantes qu'il est impossible d'arracher avec toutes leurs racines. Thérèse remontera-t-elle jusqu'à son enfance ? Mais l'enfance est elle-même une fin, un aboutissement. » « Incroyable vérité que, dans ces aubes toutes pures de nos vies, les pires orages étaient déjà suspendus (...). Thérèse n'a pas réfléchi, n'a rien prémédité à aucun moment de sa vie ; nul tournant brusque : elle a descendu une pente insensible, lentement d'abord puis plus vite. La femme perdue de ce soir, c'est bien le jeune être radieux qu'elle fut durant les étés de cet Argelouse. » Puis une certitude faite de son désir s'impose : comment Bernard ne l'arrêterait-il pas dans son récit pour lui exprimer, malgré tout ce drame, sa confiance : « Je comprends maintenant ; lève-toi ; sois pardonnée » ?

THÉRÈSE, UNE PETITE FILLE ABANDONNÉE À ELLE-MÊME

Du côté paternel, un homme uniquement préoccupé de sa carrière et pour qui elle n'a jamais compté, d'autant qu'il n'affichait que condescendance vis-à-vis des femmes. Voici quel portrait elle en brosse : « Le seul homme supérieur qu'elle crût connaître, c'était son père. Elle s'efforçait de prêter quelque grandeur à ce radical entêté, méfiant qui jouait sur plusieurs tableaux : propriétaire, industriel. Politicien surtout à qui ses manières cassantes avaient fait du tort, mais très écouté à la Préfecture. Et quel mépris des femmes ! même de Thérèse à une époque où chacun louait son intelligence (...). Mais si de loin elle se faisait de lui une image embellie, Thérèse, dès qu'il était là, mesurait sa bassesse. »

Du côté maternel, une grand-mère qui est partie un jour en abandonnant les siens – mais dont personne n'a jamais plus parlé ; on est allé jusqu'à la retirer de l'album photo, ce qui fait qu'elle n'a pas même de visage pour Thérèse ; sa mère, elle, est morte en couches. De cette mère elle avait hérité du domaine d'Argelouse où elle passait toutes ses vacances, sous la garde d'une sœur aînée de son père, une vieille fille sourde, tante Clara. « M. Larroque se félicitait de ce qu'Argelouse, qui le débarrassait de sa fille, la rapprochait de ce Bernard Desqueyroux, qu'elle devait épouser un jour, selon le vœu des deux familles » (en effet les Desqueyroux possèdent le domaine voisin de celui des Larroque).

On ne peut guère imaginer pour Thérèse une lignée maternelle plus culpabilisante dans son absence : on a étouffé le « scandale » de la grand-mère en la faisant symboliquement disparaître ; quant à sa mère, il lui est impossible de ne pas se dire qu'elle est pour beaucoup dans sa mort puisque ce drame est arrivé en lui donnant la vie... Qui s'est alors occupé d'elle ? Sans doute des bonnes payées par le père, en attendant qu'elle soit en âge d'être mise en pension. Comme modèle féminin, il ne restait dans la famille que tante Clara, vieille fille murée dans sa surdité, doublé d'un autre modèle, fantasmatique celui-là : le modèle que le père a dans la tête de femmes toutes « hystériques quand elles ne sont pas des idiotes », qu'il méprise profondément et auxquelles il ne s'intéresse pas. Non seulement il n'y a aucun personnage maternant dans la réalité pour prendre soin d'elle, mais les images féminines véhiculées par la famille sont toutes négatives, méprisées par les hommes ou méprisables de ne pas tenir leur place, voire si fragiles qu'elles meurent de donner la vie... Dans ce désert affectif, les premiers souvenirs d'Argelouse qui lui reviennent, ce ne sont pas ceux du « fiancé indifférent », mais les moments privilégiés qu'elle passait avec Anne, la demi-sœur de Bernard ; et pourtant entre elles pas de goûts communs : Anne haïssait la lecture, « n'aimait que coudre, jacasser et rire ». D'où lui venait alors ce bonheur ? Toutes deux partaient tirer les palombes ou plutôt Anne seule tirait car Thérèse détestait ce jeu, mais elle la suivait « *insatiable de sa présence* » – insatiable, sans doute, d'une présence féminine qu'elle n'a jamais connue et que pour cette raison elle va vouloir entière, sans partage, dans un jeu de pur miroir.

Puis Anne repartait sur son vélo ; Thérèse aurait bien voulu qu'elle revînt dès le lendemain, mais Anne l'assurait qu'il ne fallait pas qu'elles se voient tous les jours, sous peine de se prendre en grippe, ce à quoi la fière Thérèse renchérissait : « Reviens quand tu n'auras rien de mieux... » puis elle revenait vers la maison, se demandant ce qu'était donc cette angoisse qui l'étreignait : « Elle n'avait pas envie de lire ; elle n'avait envie de rien ; elle errait de nouveau (...). Elle revenait au bord de la route – vide aussi loin que pouvait aller son regard. (...) Le silence n'était pas plus profond pour la sourde immobile et les mains croisées sur la nappe, que pour cette jeune fille un peu hagarde. » Le silence, c'était surtout celui de son esseulement, et le vide, ce n'était pas d'abord celui de la route, mais bien l'ennui de son cœur ; n'est-il d'ailleurs pas dit qu'au lycée elle avait paru vivre ainsi indifférente et comme absente de ce qui concernait ses compagnes ?

LES ÉPOUSAILLES OU LA QUÊTE D'UN REFUGE

Comment introduire Bernard dans ce monde abandonné et en même temps confus ? Bien sûr, il y avait pour elle la joie puérile de devenir par ce mariage la belle-sœur d'Anne ; oui, pourquoi l'avait-elle épousé ? Les deux mille hectares ne l'avaient certes pas laissée indifférente... mais, surtout, *n'avait-elle pas cherché* plus qu'une domination, un refuge ou plutôt *une place, elle qui n'en avait jamais eu ?* « Elle se casait, elle entrait dans un ordre, elle se sauvait. » Et, pendant toute la période des fiançailles, elle avait cru connaître la paix.

Comment se fait-il alors que, le jour du mariage, elle se sentit perdue ? et qu'elle ne cherchait dans la foule qu'un seul visage, celui d'Anne ? Elle pense alors qu'elle va être le soir même séparée d'elle et « se confondre avec le troupeau de celles qui ont servi » ! Le mépris paternel pour les femmes, elle l'avait fait sien... Ainsi, pendant le voyage de noces, Thérèse fait la morte pendant que Bernard « s'enfonce dans le plaisir ». « Ce monde inconnu de sensations où un homme la forçait de pénétrer, son imagination l'aidait à concevoir qu'il y aurait eu là, pour elle aussi peut-être, un bonheur possible – mais quel bonheur ? Comme devant un paysage enseveli sous la pluie, nous nous représentons ce qu'il eût été dans le soleil, ainsi Thérèse découvrait la volupté. » Comment aurait-elle pu et su partager le plaisir, elle avec qui jusqu'ici personne ne l'avait partagé, elle à qui personne n'avait fait vivre la douceur de s'abandonner ? Pour survivre, elle s'était absentée elle-même de cet environnement totalement défaillant duquel il valait mieux ne rien attendre.

Très vite, ils n'en peuvent plus d'être ensemble ; Bernard s'ennuie loin de ses fusils et de ses chiens, près de cette femme moqueuse qui ne montre jamais son plaisir, et tous deux ont finalement hâte de rentrer à Saint-Clair ; or, de passage à Paris, ils trouvent quatre lettres qui les ont suivis ; trois lettres, écrites par Anne, sont destinées à Thérèse, la seule pense-t-elle qui pourra la comprendre et la défendre : en effet, ses parents la destinent à un fils de famille, le fils Deguilhem ; or elle a rencontré quelqu'un d'autre, le fils Azévédo, fils de métayers juifs portugais, dont elle est passionnément amoureuse et elle raconte tout à Thérèse pour partager avec elle son exaltante aventure et sa joie. Une lettre écrite par la mère d'Anne...

LA FOLLE JALOUSIE DE THÉRÈSE

Bernard décachette le premier la lettre de sa mère et devient furieux d'apprendre cette nouvelle qui va à l'encontre des intérêts familiaux ; il compte sur Thérèse, très amie d'Anne, pour faire retrouver raison à sa petite sœur.

Bernard attend que Thérèse ouvre les autres lettres et les lui lise ; mais Thérèse, accablée par cette nouvelle, éprouve seulement le besoin impératif d'être seule... Étendue sur le lit à fumer des cigarettes, elle met longtemps à déchirer la première enveloppe, tant elle sent qu'elle ne pourra pas supporter ce qu'elle va lire ; d'Anne elle avait expérimenté la sécheresse du cœur et voilà qu'elle découvre une femme qu'elle ne connaît pas, capable d'écrire à propos d'un autre des paroles de feu...

« Si Bernard était rentré à cette minute dans la chambre, il se fût aperçu que cette femme assise sur le lit n'était pas sa femme, mais un être inconnu de lui, une créature étrangère et sans nom. »

Sur la seconde lettre, elle lit : « Chérie, quel est donc ce bonheur que tu possèdes aujourd'hui et que je ne connais pas encore, pour que la seule approche en soit un tel délice ? Lorsque dans la cabane des palombes, où tu voulais toujours que nous emportions notre goûter, je demeure auprès de lui, je sens le bonheur en moi pareil à quelque chose que je pourrais toucher... » Puis, dans la troisième lettre, Anne lui apprend qu'on la garde à vue et parle de sa souffrance comme signe de son amour... C'en est trop. Thérèse reglisse la lettre dans l'enveloppe et découvre alors une photo de Jean Azévédo : « Thérèse leva les yeux et fut étonnée de sa figure dans la glace. Il lui fallut un effort pour desserrer les dents, avaler sa salive. Elle frotta d'eau de Cologne ses tempes, son front. "Elle connaît cette joie... et moi, alors ? et moi ? pourquoi pas moi ?" » Une épingle était restée sur la table, elle la prit, perça la photo de ce garçon à l'endroit du cœur « pas furieusement, mais avec calme, comme s'il s'agissait d'un acte ordinaire », elle jeta la photo ainsi transpercée dans les toilettes et tira la chasse d'eau...

Quand Bernard revint, elle était calme ; elle lui assura qu'elle se faisait fort d'éclairer Anne, et, pour fêter le dernier soir de leur voyage de noces, il l'emmena dans un grand restaurant du Bois.

Tout de suite après le début du repas, il devint trop rouge, mais « elle ne le haïssait pas » ; simplement elle n'avait qu'un désir : « Être seule pour penser à sa souffrance, pour chercher l'endroit où elle souffrait ! Simplement qu'il ne soit plus là ; qu'elle puisse ne pas se forcer à manger, à sourire (...) que son esprit se fixe sur ce désespoir mystérieux : une créature s'évade hors de l'île déserte où tu imaginais qu'elle vivrait près de toi jusqu'à la fin (...) la véritable Anne de La Trave, elle ne l'a jamais connue, celle qui rejoint aujourd'hui Jean Azévédo dans une palombière abandonnée. »

Ils se couchent tôt, et ce soir-là elle ne peut pas supporter son contact. Ah ! pense-t-elle, « l'écarter une fois pour toutes et à jamais ! Le précipiter hors du lit, dans les ténèbres ».

Anne seule l'obsède, et elle se relève pour lire à nouveau une lettre : « S'il me disait de le suivre, je quitterais tout sans tourner la tête... » Thérèse déchire la lettre en menus morceaux et se voit tournoyant elle-même avec la lettre pour s'écraser en bouillie sur le sol. Cependant, « au vrai, elle ne souhaitait pas de mourir ; un travail urgent l'appelait, non de vengeance ni de haine : mais cette petite idiote là-bas à Saint-Clair, qui croyait le bonheur possible, il fallait qu'elle sût, comme Thérèse, que le bonheur n'existe pas. *Si elles ne possèdent rien d'autre en commun, qu'elles aient au moins cela : l'ennui, l'absence de toute tâche haute, de tout devoir supérieur, l'impossibilité de rien attendre que les basses habitudes quotidiennes – un isolement sans consolations* ».

Au matin, elle se réveille lucide et raisonnable : Bernard a raison ; si Anne faisait rater son mariage avec le fils Deguilhem, ce serait un désastre. Elle agirait selon les souhaits de son mari.

Puis c'est le retour à Argelouse ; en effet, Bernard et Thérèse s'installent dans cette demeure parce que la tante Clara peut ainsi prendre totalement en charge la cuisine et le ménage ; il est vrai que Thérèse est enceinte, mais, de toute façon, elle n'a envie de s'occuper de personne ; sa seule envie, c'est de rester dans une espèce de torpeur, d'engourdissement.

Elle voit souvent Anne, enfermée chez ses parents, qui cherche en Thérèse un peu de pitié ; mais pourquoi en aurait-elle ? « Qu'il doit être doux de répéter un nom, un prénom qui désigne un certain être auquel on est lié par le cœur étroitement ! »

Et Anne se méprend quand parfois elle voit Thérèse pleurer auprès d'elle ; elle croit qu'elles souffrent ensemble ; or, si Thérèse souffre en effet cruellement, c'est contre elle et dans une entière solitude...

Thérèse compte les mois jusqu'à l'accouchement ; « Elle aurait voulu connaître un Dieu pour obtenir de lui que cette créature inconnue, toute mêlée encore à ses entrailles, ne se manifestât jamais. » Quelqu'un pourtant est là qui la sert avec amour à Argelouse, mais comment ne pas mépriser cette pauvre tante, idiote, comme aurait dit son père, qui s'use en tâches ménagères et se ridiculise à parler parce qu'elle ne peut pas vous entendre ? « Je somnolais devant le feu du salon, servie en tout par tante Clara. Pas plus qu'un dieu ne regarde sa servante, je ne prêtais d'attention à cette vieille fille toujours nasillant des histoires de cuisine et de métairie ; elle parlait, elle parlait afin de n'avoir pas à essayer d'entendre (...). Elle n'aimait que moi qui ne la voyais même pas se mettre à genoux, délacer mes souliers, enlever mes bas, réchauffer mes pieds dans ses vieilles mains. »

SEULE FACE À SON INTOLÉRABLE SOUFFRANCE, THÉRÈSE N'A COMME RESSOURCE QUE DE SE REPLIER SUR ELLE-MÊME

Elle n'avait compté pour personne d'important (précisément tante Clara ne faisait pas partie des gens importants) ; personne, même plus Anne qui l'avait « trahie », ne compterait désormais pour elle. Le drame, c'est que rien ne pourra plus arrêter ce désinvestissement, car son mari et ses beaux-parents fonctionnent sur un registre similaire : eux-mêmes ne la voient pas, ne l'entendent pas dans ce qu'elle dit ou fait. Ni les uns ni les autres ne se rencontrent.

« Autant que Thérèse ait souffert à cette époque, ce fut au lendemain de ses couches qu'elle commença vraiment de ne pouvoir plus supporter la vie. Rien n'en paraissait à l'extérieur ; aucune scène entre elle et Bernard et elle montrait plus de déférence envers ses beaux-parents que ne faisait son mari lui-même. C'était là le tragique : qu'il n'y eût pas une raison de rupture ; l'événement était impossible à prévoir qui aurait empêché les choses d'aller leur train jusqu'à la mort. *La mésentente suppose un terrain de rencontre où se heurter ; mais Thérèse ne rencontrait jamais Bernard, moins encore ses beaux-parents* ; leurs paroles ne l'atteignaient guère ; l'idée ne lui venait pas qu'il fût nécessaire d'y répondre. Avaient-ils seulement un vocabulaire commun ? Ils donnaient aux mots essentiels un sens différent. *Si un cri sincère échappait à Thérèse, la famille avait admis, une fois pour toutes, que la jeune femme adorait les boutades. "Je fais semblant de ne pas entendre, disait Mme de La Trave, et si elle insiste, de n'y pas attacher d'importance ; elle sait qu'avec nous ça ne prend pas".* » Manière subtile de disqualifier toute parole venant de Thérèse et donc de l'ignorer dans sa différence de point de vue. Quant à Bernard, jamais il ne s'était mis, fût-ce une fois dans sa vie, à la place d'autrui ; il ignorait cet effort pour sortir de lui-même, pour voir ce que l'adversaire voit. Elle n'avait qu'à se rappeler ce qui s'était passé entre son mari et Anne quand celle-ci avait essayé de rejoindre Jean Azévédo. « Quoi ? Vous osez avoir un avis ? émettre un vœu ? Assez. Pas un mot de plus. Vous n'avez qu'à écouter, qu'à recevoir mes ordres. » Bernard savait en toutes circonstances ce qu'il avait à faire « dans l'intérêt de la famille »... Bernard était « à la voie », comme ses carrioles !

Thérèse ne s'occupe guère de sa petite fille et ne veut rien avoir de commun avec elle : elle ne supporte d'ailleurs pas qu'on lui dise que sa fille lui ressemble. Ainsi la petite fille connaît mieux Anne que sa mère, et cette dernière redoute alors la jalousie de Thérèse. « Anne avait tort d'être gênée. Thérèse, à ce moment de sa vie, se sentait détachée de sa fille comme de tout le reste. Elle apercevait les êtres et les choses et son propre corps et son esprit même, ainsi qu'un mirage, une vapeur suspendue en dehors d'elle. Seul, dans ce néant Bernard prenait une réalité affreuse : sa corpulence, sa voix de nez, et ce ton péremptoire, cette satisfaction. Sortir du monde ? (...) Que se passa-t-il cette année-là ? Elle ne se souvient d'aucun incident, d'aucune dispute ; elle se rappelle avoir exécré son mari plus que de coutume, le jour de la Fête-Dieu, alors qu'entre les volets mi-clos, elle guettait la procession. » Tout de suite derrière le curé, Bernard « qui accomplissait son devoir ».

Puis vient ce jour d'été où retentit le tocsin et où chacun, Bernard en premier, se demande où le feu a pris. « Tout le monde a quitté la table, sauf elle qui ouvre des amandes fraîches, indifférente, étrangère à cette agitation, *désintéressée de ce drame, comme de tout drame autre que le sien.* »

Bernard rentre, demande s'il a pris ses gouttes ; Thérèse ne répond pas et elle le voit qui se ressert, doublant donc sa dose habituelle.

Thérèse continue à se taire quand Bernard est malade, puis l'idée lui vient de vouloir satisfaire sa curiosité. « Une seule fois pour en avoir le cœur net... je saurai si c'est cela qui l'a rendu malade. Une seule fois et ce sera fini. » Pourquoi alors continue-t-elle ?

« Toute son histoire péniblement reconstruite s'effondre (...). Non, rien à dire pour sa défense ; pas même une raison à fournir (...). Rien ne peut arriver de pire que cette indifférence, que ce détachement total qui la sépare du monde et de son être même. Oui, la mort dans la vie : elle goûte la mort autant que la peut goûter une vivante. (...) Sa solitude lui est attachée plus étroitement qu'au lépreux son ulcère : "nul ne peut rien pour moi ; nul ne peut rien contre moi [1]". »

Ayant refusé tous les liens – nul ne peut rien ni pour ni contre elle –, elle a en même temps refusé le lien avec elle-même – pour elle non plus elle ne peut pas grand-chose, si ce n'est « s'efforcer de se rejoindre ». C'est ce qu'elle se dira un peu plus tard. Alors que Thérèse est cloîtrée à Argelouse, Bernard viendra, pour des raisons de bienséance, lui présenter le fils Deguilhem ; elle rencontre aussi Anne et elle ne pense même pas à lui demander des nouvelles de sa propre fille ; elle lit alors dans la pensée d'Anne quelque chose comme du mépris et se demande : « Comment lui expliquer ? Elle ne comprendrait pas que *je suis remplie de moi-même, que je m'occupe tout entière.* Anne, elle n'attend que d'avoir des enfants pour s'anéantir en eux, comme a fait sa mère, comme font toutes les femmes de la famille. *Moi, il faut toujours que je me retrouve ; je m'efforce de me rejoindre...* »

Étrangère aux autres, elle n'a pu que devenir étrangère à elle-même, vivant alors ce paradoxe d'un vide d'elle-même « qui la remplit tout entière »...

Louis dans « Le Nœud de vipères »

Il existe de multiples façons de rompre les liens par une indifférence affichée, de s'en défendre, puis... de faire vivre cette violence muette aux autres. Thérèse, que personne n'avait regardée avec tendresse, ne pourra s'intéresser ni aux autres ni non plus à elle-même. Il est d'ailleurs piquant de remarquer qu'Anne, la seule personne qui suscitera en elle une passion (face au « rien » de ce qu'elle connaît, elle ne pourra imaginer qu'un « tout passionnel » pour un double d'elle-même), est quelqu'un d'indifférent à son égard et qui ne la prend pas en compte. Ce sera le même drame d'une passion à sens unique que vivra le Dr Courrèges dans *Le Désert de l'amour*. Quant à Louis, enfermé lui aussi dans un monde où personne ne rencontre personne, mais où chacun s'épie, c'est dans le pouvoir que lui confère son argent qu'il cherchera une revanche sur les siens...

En première approche, ce roman raconte d'abord l'histoire d'un vieil homme riche et avare, Louis, qui trouve son plaisir à garder le contrôle de toute sa famille en faisant miroiter un héritage dont personne ne sait exactement la teneur et surtout quel en est le destinataire – d'autant que Louis caresse effectivement l'idée vengeresse de les déshériter tous ; mais c'est aussi bien le roman d'une famille qui complote, qui calcule, qui intrigue, et on ne sait pas qui, du père ou des enfants, est finalement le plus attaché à l'argent... ce « nœud de vipères », c'est bien à eux tous qu'ils le forment.

LOUIS ÉCRIT POUR SE JUSTIFIER ET ROMPRE LE SILENCE ENTRE SA FEMME ISA ET LUI

Le jour de ses soixante-huit ans – anniversaire que comme d'habitude tout le monde a oublié –, Louis est pris d'une fièvre d'écrire à sa femme, ou plutôt, dit-il lui-même, d'une « furie d'écrire », « furie est bien le mot ; tu peux en juger sur mon écriture, sur ces lettres courbées dans le même sens comme les pins par le vent d'ouest ». S'il est rempli d'un désir de vengeance, il réalise tout à coup que quelque chose d'autre, comme un vent d'ouest qui courbe dans le même sens tous ses sentiments, l'habite tout aussi violemment, un besoin de triompher du silence qui s'est installé entre eux, un besoin que quelqu'un fasse attention à lui, un besoin d'être reconnu dans son indicible souffrance ; cette furie d'écrire, c'est une conjuration de son désespoir, c'est la furie d'arriver peut-être enfin, avant qu'il ne soit trop tard, à s'expliquer, à enfin parler, à enfin communiquer et se comprendre lui-même :

« Il faut que je vive encore assez de temps pour achever cette confession, pour t'obliger enfin à m'entendre, toi qui, pendant les années où je partageais ta couche, ne manquais jamais de me dire, le soir, dès que j'approchais : “Je tombe de sommeil, je dors déjà, je dors...” Ce que tu écartais ainsi, c'était bien moins mes caresses que mes paroles. » « Il y a quelque chose en toi, quelque chose de toi dont je veux triompher, c'est de ton silence. Oh ! Comprends-moi, tu as la langue bien pendue (...). Ah ces repas d'où je sortais la tête vide, rongé par mes affaires, mes soucis dont je ne pouvais parler à personne. Surtout à partir de l'affaire Villenave, quand je suis devenu brusquement un grand avocat d'assises (...). Plus j'étais enclin à croire à mon importance, plus tu me donnais le sentiment de mon néant... Mais non, ce n'est pas encore de cela qu'il s'agit, c'est d'une autre sorte de silence que je veux me venger : *le silence où tu t'obstinais touchant notre ménage, notre désaccord profond*. Que de fois au théâtre, ou lisant un roman, je me suis demandé s'il existe, dans la vie, des amantes ou des épouses qui font des "scènes", qui s'expliquent à cœur ouvert, qui trouvent du soulagement à s'expliquer. (...) J'étais tellement en dehors de tes préoccupations que *tu te dérobais non par terreur, mais par ennui* (...) et si je te prenais par surprise tu trouvais de faciles défaites, ou bien tu me tapotais la joue, tu m'embrassais et prenais la porte. »

COMMENT LE DÉSINVESTISSEMENT DE LA RELATION VOUS COUPE PEU À PEU DE L'AUTRE, ET DE VOUS-MÊME

Il n'y a sans doute pas pire violence que cet effacement silencieux de l'autre qui a, de plus, le pouvoir de vous culpabiliser par cette permanente disqualification dont vous êtes l'objet : qui que vous soyez et quoi que vous fassiez, vous êtes de toute façon ignoré. Le plus terrible d'ailleurs, c'est que cette ignorance n'est pas voulue calculée, dirigée contre quelqu'un ; celui qui ignore l'autre se traite lui-même de façon identique. Chacun des protagonistes – ici la femme mais aussi son mari – s'est peu à peu retiré de la relation, refusant le dialogue, et ils ont tous deux trouvé leur valorisation dans des fonctions sociales, qui dans les tâches ménagères et maternelles, qui dans sa profession d'avocat et dans l'argent gagné.

Un passage du *Désert de l'amour* dit admirablement cette difficulté, voire cette impossibilité à retrouver le chemin qui conduit vers l'autre quand on a laissé ce chemin en friche pour construire un monde à côté. Le Dr Courrèges, qui souffre atrocement de sa solitude à l'intérieur de sa famille – « sa présence ne servait même pas à rendre heureuse l'épouse la plus amère... Sa fille, son fils ? Depuis longtemps il avait renoncé à être aimé d'eux » –, projette de les quitter pour refaire sa vie avec une jeune patiente dont il est amoureux. Mais hélas, cette patiente n'éprouve qu'admiration pour son médecin, et ses sentiments amoureux vont secrètement au fils de ce dernier... Il faut bien que le docteur se rende à l'évidence ; il lui faut renoncer à son rêve d'être un jour aimé par elle. Il rentre chez lui, repense à toutes les résolutions qu'il avait prises de rendre sa femme heureuse et, après le dîner, il lui propose de faire un tour de jardin pour essayer de renouer le dialogue avec elle ; il lui demande de prendre son bras, s'émeut de son parfum... il essaie de lui parler de leur fils et des changements liés à son adolescence, mais sa femme invariablement n'entend que ce qui concerne le travail supplémentaire des domestiques, les conflits que cela provoque entre elles, et les demandes d'augmentation de leur part ; il se résigne alors à parler lui aussi sur ce même terrain impersonnel. « Il sentait en lui descendre une marée – un reflux qui entraînait des confidences, des aveux, des abandons, des larmes. » Il dit : « Nous ferions mieux de rentrer. » « Déjà », dit-elle. « Elle sentait qu'elle l'avait déçu (...). Au-delà des misérables paroles qu'elle accumulait en dépit d'elle-même, au-delà de ce mur que sa vulgarité patiente avait édifié jour après jour, *cri de mineur enseveli, Lucie Courrèges entendait l'appel étouffé de l'enterré vivant, oui, elle percevait ce cri de mineur enseveli, et en elle aussi, à quelle profondeur !* » À ce moment, dans un désir réel de tendresse, elle fait le geste d'incliner la tête sur l'épaule de son mari ; dans ce mouvement, elle lève alors les yeux vers la maison et elle ne peut s'empêcher de remarquer : « Tu as encore laissé l'électricité allumée chez toi. » Bien sûr, elle regrette aussitôt cette parole, mais trop tard. Son mari a hâté le pas pour s'éloigner d'elle. Le dialogue n'aura pas lieu, et ils vont reprendre leur vie parallèle chacun de leur côté.

Tous les deux étaient de bonne volonté, et aucun d'eux n'a voulu blesser l'autre ou ne pas l'écouter. Lucie elle-même, à un moment, a entendu quelque chose en elle et en lui qui cherchait à se dire – mais le pathétique, c'est que cette voix profonde en elle, elle n'y a plus accès, tant elle l'a recouverte par de multiples préoccupations journalières qui lui ont permis d'ignorer qu'elle souffrait de son isolement et de celui de son mari...

LOUIS ESSAIE DE REMONTER DANS SON PASSÉ,
POUR COMPRENDRE

Louis se demande lui aussi comment il en est arrivé là avec sa femme ; il se remémore le temps où il l'a rencontrée, le temps de cette merveilleuse découverte qu'il fit : il était tout à coup capable d'intéresser quelqu'un, de plaire, d'émouvoir... « L'amour que j'éprouvais se confondait avec celui que j'inspirais, que je croyais inspirer. Mes propres sentiments n'avaient rien de réel. Ce qui comptait, c'était ma foi en l'amour que tu avais pour moi. Je me reflétais dans un autre être et mon image ainsi reflétée n'avait rien de repoussant. Dans une détente délicieuse, je m'épanouissais. »

Rien n'est explicitement dit sur l'enfance de Louis ; mais dans quel miroir maternel malveillant s'est-il donc regardé petit garçon pour s'expérimenter ainsi « repoussant » ? En outre, comment se fait-il que « ses propres sentiments n'ont rien de réel » ? Apparemment, lui n'est pas capable de ressentir de l'amour pour quelqu'un ; seul lui importe de se découvrir, enfin, aimé sur un autre visage. Comme si, avant de pouvoir aimer, il fallait toujours d'une façon ou d'une autre avoir reçu cet amour pour soi-même... sinon cette quête exclusive d'un amour de soi perdure, utilisant l'autre pour cette seule réassurance.

Puis, brusquement, il découvre que, si cette femme l'a « choisi », ce n'est pas d'abord par amour pour lui, mais par dépit amoureux. La déception sera alors à la mesure de l'espoir engendré.

« Il y eut pourtant des signes, mais que j'interprétais mal. (...) Soudain sans cause apparente, tu éclatas en sanglots (...). Ce n'est rien, c'est d'être auprès de vous... Tu ne mentais pas, menteuse. C'était bien parce que tu te trouvais auprès de moi que tu pleurais – auprès de moi, et non d'un autre. Mais toi, misérable, tu avais besoin de libérer par des paroles cette passion déçue et qui était restée sur sa faim. Il suffit d'une seule interrogation qui m'échappa : Mais enfin ce Rodolphe qui était il ? Il y a des choses que j'aurais dû te dire... Tu l'avais connu à Aix (...). Tu ne me le décrivais pas, mais je lui attribuai d'un coup toutes les grâces dont je me savais démuni (...). Mais déjà je m'interrogeais : moins d'un an après ce grand amour, comment a-t-elle pu m'aimer ? La terreur me glaçait : tout était faux, me disais-je, elle m'avait menti, je n'étais pas délivré. Comment avais-je pu croire qu'une jeune fille m'aimerait ? j'étais un homme qu'on n'aime pas ! »

Voilà un nouveau jugement qui fait écho à cette image déjà évoquée de quelqu'un de repoussant.

« Je l'interrogeai avec calme. Rien ne t'avertit de ce que tu étais en train de détruire : tout cela a été providentiel pour nous deux, me disais-tu. Tu sais comme mes parents sont fiers – un peu ridicules, je le reconnais. Je peux bien te l'avouer : pour que notre bonheur ait été possible, il a fallu que ce mariage manqué leur ait porté à la tête (...). Maman s'imaginait que toute la ville connaissait notre aventure. Personne ne voudrait plus m'épouser (...). Tu me répétas à plusieurs reprises que certes tu ne regrettais rien (...). Tu n'aurais pas été heureuse, assurais-tu, avec ce Rodolphe. Il était trop beau, il n'aimait pas, il se laissait aimer. N'importe qui te l'aurait pris. Tu ne t'apercevais pas que ta voix même changeait dès que tu le nommais... Non, tu l'avais pris, ce malheureux, parce qu'il se trouvait là, cette année où ta mère, en proie au retour d'âge, s'était persuadée que tu n'étais pas "mariable" – parce que tu ne voulais, ni ne pouvais demeurer fille six mois de plus, parce qu'il avait assez d'argent pour que ce fût une suffisante excuse aux yeux du monde... »

Au fond, s'il avait été retenu comme époux possible, c'était bien grâce à l'argent... Rien d'autre n'avait pesé dans ce mariage, et Louis était renvoyé encore plus cruellement à l'image qu'il avait cru conjurer de quelqu'un qui n'était pas « aimable » pour lui-même :

« Quand il m'arrive aujourd'hui de me faire horreur à moi-même au point de ne pouvoir plus supporter mon cœur ni mon corps, ma pensée va à ce garçon de 1885, à cet époux de vingt-trois ans, les deux bras ramenés contre sa poitrine et qui étouffait avec rage son jeune amour. "Tu as froid Louis ?" Je répondis que ce n'était qu'un frisson. Ce n'était rien. "Tu n'es pas jaloux au moins ? Ce serait trop bête..." Je ne mentis pas en te jurant qu'il n'y avait pas en moi trace de jalousie. Comment aurais- tu compris que le drame se jouait au-delà de toute jalousie ? Je demeurai un instant la tête levée vers toi, en proie à une haine dont je crois sentir le goût d'amertume dans la bouche, après tant d'années. »

Comment, dans ce contexte, Louis peut-il ainsi croire qu'il n'y avait en lui aucune trace de jalousie à l'égard du beau Rodolphe ? Peut-être simplement parce que cette découverte le reprécipite dans un tel sentiment personnel de néant, de dégoût de lui-même et de non-valeur qu'effectivement ces sentiments l'emportent sur une quelconque conscience d'être jaloux.

En tout cas, il va quêter dans cet acte d'écriture, par-delà son désespoir, un peu d'attention, un peu d'amour qui seuls permettent de « garder la foi en soi-même ». Trois épisodes sont comme les jalons de sa descente aux enfers de l'indifférence : c'est ce premier drame longuement évoqué d'un « enfer dont elle l'avait tiré, pour ensuite l'y rejeter » ; dans le deuxième, avec la naissance de leurs enfants, l'attention de sa femme se détourne tout à fait de lui, et elle ne le voit plus.

Enfin, troisième et dernier acte de ce drame : cette affaire d'assises qui rend Louis célèbre, et lui redonne alors l'espoir que sa femme va l'admirer. Mais, nouveau désappointement : « elle m'apporta la preuve que je n'existais pas à tes yeux ». En trois actes est donc parachevé cet effacement silencieux de Louis par sa femme ; à soixante-huit ans, quel supplice de « ne rien avoir eu de la vie et ne rien attendre de la mort » !

Louis alors rêve d'autres chemins qu'il aurait pu peut-être prendre s'il avait compté pour sa femme. « Si j'avais eu à ce moment une femme qui m'eût aimé, jusqu'où ne serais-je pas monté ? (...) Une femme qui m'eût aimé aurait chéri ma gloire. Elle m'aurait appris que l'art de vivre consiste à sacrifier une passion basse à une passion plus haute (...) la tare dont tu m'aurais guéri, si tu m'avais aimé, c'était de ne rien mettre au-dessus du gain immédiat, d'être incapable de lâcher la petite et médiocre proie des honoraires pour l'ombre de la puissance, car il n'y a pas d'ombre sans réalité : l'ombre est une réalité. Mais quoi ! *Je n'avais rien que cette consolation de "gagner gros" comme l'épicier du coin.* »

Pourquoi ne pas avouer qu'à la certitude tragique d'être quelqu'un qu'on n'aime pas s'ajoutait la méfiance du riche qui a peur d'être dupe, qui redoute qu'on l'exploite ?

Au fond désormais, il ne lui reste plus comme source d'importance que cet argent : n'a-t-il pas d'ailleurs été épousé grâce à cela ? Si toute la famille le supporte, et fait semblant de le respecter, n'est-ce pas parce qu'elle attend d'hériter ? Mais alors, en contrepartie, quelle idée insupportable pour Louis que ces « autres », qui le détestent, puissent un jour profiter de « son » argent !

Comment Isa, quand elle lira ce cahier qui lui est dédié, ne comprendrait-elle pas combien cet enchaînement de faits justifie pleinement son retrait, sa haine, son désir de vengeance par l'argent ?

À propos de cette recherche par Louis de valorisation par

l'argent, il est intéressant d'anticiper sur l'analyse que nous allons faire de Swann : pour ces deux personnages, l'argent a une fonction identique, celle de rassurer sur soi-même et sa valeur en prenant pouvoir sur les autres ; cependant, il sera utilisé de façon diamétralement opposée ; Louis le thésaurise, pour, se soupesant au poids de son argent, se juger lui-même « valable » et obliger les siens à la considération, pendant que Swann va le dilapider... pour se voir merveilleusement généreux dans le regard admiratif d'Odette. Prodigalité et avarice trouvent ici une motivation commune de restauration de soi dans une tentative de maîtriser la perte. Simplement, le miroir qu'ils ont choisi pour s'évaluer l'un et l'autre n'est pas le même...

UNE PAROLE D'ISA INTRODUIT UNE FAILLE DANS LE MONOLOGUE DE LOUIS. CHACUN S'ÉTAIT RACONTÉ « SON » HISTOIRE

Mais Isa ne lira jamais ce monologue ; elle mourra brutalement alors que Louis est à Paris, soi-disant pour s'occuper de ses placements, en réalité pour retrouver un fils adultérin à qui il veut léguer sa fortune.

Or il se trouve qu'avant le départ à Paris et cette mort ils vont se parler. Isa provoquera une rencontre « intéressée », poussée par ses enfants qui voudraient persuader leur père de se faire remplacer pour ce voyage... Mais lui ne veut bien sûr se fier à personne. Elle lui demande alors de lui avancer de l'argent, en ayant elle-même prêté à leur fille en difficulté. Méfiant, il demande les factures qu'elle prétend avoir chez le boucher pour les payer directement. Puis elle rejoint ses enfants ; apparemment, ils doivent alors lui reprocher de n'avoir pas eu le courage de l'interroger sur « les placements parisiens ». Elle revient donc à la charge et, toute rouge, lui demande ce que sont devenus ses « Suez » et comment il les a réemployés. « Va rassurer ces anges de désintéressement, là-bas », lui répond-il, les Suez ont fait des petits, et tout ce qui est à toi est à ton nom.

Elle lui prend alors le bras brusquement et pour la première fois elle ose dire ce qu'elle ressent, elle ose l'affronter : « Pourquoi les détestes-tu, Louis, pourquoi hais-tu ta famille ? » Mais Louis pense sincèrement cette haine comme une conséquence de leur attitude : « C'est vous qui me haïssez. Ou plutôt mes enfants me haïssent. Toi... tu m'ignores, sauf quand je t'irrite ou que je te fais peur. Tu pourrais ajouter "ou que je te torture..." »

Elle demande : « Crois-tu que je n'aie pas souffert autrefois ? » et lui, fort de son bon droit, lui rappelle son indifférence à son égard : « Allons donc, tu ne voyais que les enfants... » Mais, explique-t-elle, « il fallait bien me rattacher à eux. Que me restait-il en dehors d'eux ? (et à voix plus basse) tu m'as délaissée et trompée dès la première année, tu le sais bien. » « Ma pauvre Isa, tu ne me feras pas croire que mes fredaines t'aient beaucoup touchée... Dans ton amour-propre de jeune femme peut-être... » Elle rit amèrement : « Tu as l'air sincère ! Quand je pense que tu ne t'es même pas aperçu... (Je tressaillis d'espérance. C'est étrange à dire, puisqu'il s'agissait de sentiments révolus, finis. L'espoir d'avoir été aimé, quarante années plus tôt, à mon insu... Mais non, je n'y croyais pas.) Tu n'as pas eu un mot, un cri... Les enfants te suffisaient. » Elle cacha sa figure dans ses deux mains. Je n'en avais jamais remarqué, comme ce jour-là, les grosses veines, les tavelures. « Mes enfants ! Quand je pense qu'à partir du moment où nous avons fait chambre à part, je me suis privée, pendant des années, d'en avoir aucun avec moi, la nuit, même quand ils étaient malades, parce que j'attendais, j'espérais toujours ta venue. »

Quel coup de théâtre ! Louis s'était raconté seul son histoire et avait trouvé toutes les raisons pour la tourner à son avantage ; mais, pour la première fois, il avait écouté quelqu'un d'autre raconter la même histoire, de son propre point de vue, et les choses devenaient alors beaucoup plus compliquées ; il n'y avait peut-être pas, d'un côté, les autres qui l'avaient poussé au désespoir et, de l'autre, lui comme victime. Il s'était montré tellement indifférent qu'il avait désespéré sa femme, voire ses enfants :

« Je regardais les vignes sans répondre. Un doute me vint, à cette minute-là. *Est-il possible, pendant près d'un demi-siècle, de n'observer qu'un seul côté de la créature qui partage notre vie ?* Se pourrait-il que nous fassions, par habitude, le tri de ses paroles et de ses gestes, ne retenant que ce qui nourrit nos griefs et entretient nos rancunes ? Tendance fatale à simplifier les autres ; élimination de tous les traits qui adouciraient la charge, qui rendraient plus humaine la caricature dont notre haine a besoin pour sa justification... »

Alors sans doute faut-il insister sur la toxicité de ce qui apparaît comme « indifférence » (et dont on voit les multiples motivations) car, quelles que soient justement ces motivations, l'indifférence rompt passivement les liens en les ignorant et en les effaçant : elle supprime toute possibilité de correction du monde fantasmatique que nous nous créons. Ne pas parler dans sa double fonction de connaître autrui et de se faire connaître de lui, c'est forcément rester dans un monde imaginaire, un monde mensonger qui fait violence à notre besoin d'être reconnus dans nos bons comme dans nos moins bons aspects. En effet, c'est des mots et des émotions partagées que peut naître un sens à nos actes ; non pas celui que moi, que toi leur donnons, mais celui qui peut-être se dessinera du fait que nous aurons parlé, car il n'y a pas de vérité quelque part préétablie. La vérité ne peut être qu'en partage [2], autrement dit, elle ne peut naître que d'une alliance entre l'autre et soi qui ouvre aux capacités de changement.

Or cette alliance avec l'autre, d'où peut naître du nouveau, est rendue impossible dans cet effacement ou cette utilisation perverse des liens. N'est-ce pas alors une des pires violences que de figer ces liens, empêchant tout devenir à l'intérieur de ce système clos ?

CHAPITRE 4

La violence des volontés d'emprise dont font partie les conduites de séduction

« Grâce à sa belle mine et à sa tournure galante, il volait, par-ci par-là, un peu d'amour, mais il espérait toujours plus et mieux. »

MAUPASSANT, *Bel-Ami*.

« Le gamin commença à l'intéresser et il se demanda si cet enfant (...) ne pourrait pas être un rapide intermédiaire entre lui et l'inconnue. »

ZWEIG, *Brûlant Secret*.

Nous prendrons trois exemples différents de volontés d'emprise ; d'abord nous verrons, avec *Un amour de Swann* de Proust, comment l'« amour » de Swann réduit Odette à un personnage parfaitement imaginaire. Swann cherche par la séduction deux choses qui lui sont indispensables : un miroir à une image de toute-bonté de lui-même et, grâce à la croyance en la totale possession de l'autre, une preuve qu'il maîtrise tout risque de perte... Or, paradoxalement, de cette violence d'une méconnaissance qui s'exerce sur Odette Swann sera tout autant victime. Deuxième exemple : *Bel-Ami* de Maupassant ; la séduction sera ici utilisée pour gravir les échelons sociaux ; là encore, mais sous une forme différente, l'autre n'existera que pour servir des fins personnelles d'ambition. Puis, dernier volet de ces conduites d'emprise : *Brûlant Secret* de Zweig. Edgar servira d'abord d'« appât » à un homme qui veut séduire sa mère, puis il se fera finalement complice de cette dernière pour cacher au père ce « brûlant secret »... Il est facile d'imaginer les dégâts affectifs que pourront produire sur un enfant ce genre de manipulations perverses, surtout quand elles viennent de parents aimés.

*La volonté d'emprise de Swann sur Odette chez Proust**

Écoutons Swann nous raconter lui-même comment son amour exclusif pour Odette naît, comment il se développe, pour ensuite voir à quelles contradictions insolubles sa volonté déguisée d'emprise va l'acculer... et comment il utilise Odette pour ses besoins personnels sans jamais la prendre le moins du monde en compte.

COMMENT ODETTE DEVIENT L'AMOUR « EXCLUSIF » DE SWANN

- **Odette, une femme qui ne lui inspire aucun désir**

Au début du roman, Swann est présenté comme un incorrigible don juan. Renoncer à séduire une femme « parée d'un charme qu'il n'a pas encore connu » serait pour lui « une lâche abdication devant la vie », un « stupide renoncement à un bonheur nouveau ».

Or c'est ce même Swann qui, un jour de théâtre, sera présenté à Odette de Crécy. Cette femme, dont on lui avait dit qu'elle était ravissante et avec qui « il pourrait peut-être

* « L'amour de Swann pour Odette : une folie d'emprise », texte de l'auteur dont ce passage s'inspire est paru dans la *Revue française de psychanalyse*, Paris, PUF, 1999, n° 2.

arriver à quelque chose, lui donnant pour plus difficile qu'elle n'était en réalité », lui apparaît en fait « d'un genre de beauté qui lui était indifférent, qui ne lui inspirait aucun désir, lui causait même une sorte de répulsion physique (...) l'opposé du type que nos sens réclament ».

C'est Odette qui retournera voir Swann, rapprochant même peu à peu ses visites. Cependant, « chacune d'elles renouvelait pour lui la déception qu'il éprouvait à se retrouver devant ce visage dont il avait un peu oublié les particularités dans l'intervalle, et qu'il ne s'était rappelé ni si expressif, ni, malgré sa jeunesse, si fané ». Bien sûr, il était flatté de constater les regards d'« imploration craintive » qu'elle fixait sur lui ; elle lui avait même demandé s'il ne voudrait pas venir prendre le thé chez elle, mais il avait allégué des travaux en train sur Vermeer ; et comme elle disait son rêve d'être mêlée à ces travaux, « il s'était excusé sur sa peur des amitiés nouvelles, ce qu'il avait appelé, par galanterie, sa peur d'être malheureux ». « Vous avez peur d'une affection ? comme c'est drôle, moi qui ne cherche que cela, qui donnerais ma vie pour en trouver une, avait-elle dit d'une voix si naturelle, si convaincue, qu'il en avait été remué. »

- **Odette transformée en objet esthétique**

Odette obtient alors de Swann qu'elle le présente aux Verdurin qui tiennent salon, et chez qui elle passera toutes ses soirées par la suite. Au cours du premier dîner, un jeune pianiste joue un passage de la *Sonate* de Vinteuil. Il l'avait déjà entendue une fois, mais « cette fois il avait distingué nettement une phrase s'élevant pendant quelques instants au-dessus des ondes sonores. Elle lui avait proposé des voluptés particulières, dont il n'avait jamais eu l'idée avant de l'entendre, dont il sentait que rien autre qu'elle ne pourrait les lui faire connaître, et il avait éprouvé pour elle comme un amour inconnu ». « Rentré chez lui, *il eut besoin d'elle*, il était comme un homme dans la vie de qui une passante qu'il a aperçue un moment vient de faire entrer l'image d'une beauté nouvelle qui donne à sa propre sensibilité une valeur plus grande, sans qu'il sache seulement s'il pourra revoir jamais celle qu'il aime déjà et dont il ignore jusqu'au nom. » Avec cette musique, qui lui parle de voluptés particulières et inconnues (sensorialité et amour se disent ici sur le même registre), c'est comme une nouvelle jeunesse qui lui est proposée, et à travers cet amour inconnu éprouvé, une promesse d'un monde autre. Enfin lui est redonnée la possibilité qu'il avait cru à tout jamais perdue, de croire à un idéal [1] : ne redoutait-il pas que son esprit ne porte « à jamais la trace indélébile de la sécheresse de sa vie » ? En effet, « ne se sentant plus d'idées élevées dans l'esprit, il avait cessé de croire à leur réalité » persuadé que « cela ne changerait plus jusqu'à sa mort ».

Cette musique décida Swann à retrouver Odette chaque soir chez les Verdurin, mais après le dîner. Et cela pour deux raisons. D'une part, Swann ne voulait pas montrer à Odette qu'il y avait des plaisirs « qu'il préférait à celui d'être avec elle » car alors « le goût qu'elle ressentait pour lui ne connaîtrait pas de longtemps la satiété ». Odette est imaginée comme devant nécessairement le combler et être comblée, sans reste. Dans ce système en tout ou rien, c'est combler/être comblé ou rejeter/être rejeté ; il ne connaît pas d'autres modèles relationnels qui lui permettraient de trouver des aménagements différents.

« Et d'autre part, préférant infiniment à celle d'Odette la beauté d'une petite ouvrière fraîche et bouffie comme une rose et dont il était épris, il aimait mieux passer le commencement de la soirée avec elle, étant sûr de voir Odette ensuite. » Pour cette même raison, il refusait qu'Odette vînt le chercher chez lui. Combler tout entier et sans reste le cœur de l'autre, certes... mais sous-jacents à l'idéal, par définition inatteignables, et sans lien avec lui, coexistent les besoins bruts et en friche d'un corps « affamé » qui cherche rassasiement...

Deux fois cependant, il alla prendre le thé chez elle. Avant d'arriver, il se la représentait, et « la nécessité où il était pour trouver jolie sa figure de limiter aux seules pommettes roses et fraîches, les joues qu'elle avait si souvent jaunes, languissantes, parfois piquées de petits points rouges, *l'affligeait comme une preuve que l'idéal est inaccessible et le bonheur médiocre* ». Autrement dit, quand il regarde une femme, il ne se réjouit pas de la découvrir comme elle est ; il la fait équivaloir à son idéal – cette Femme imaginaire qu'il a dans la tête – et il ne veut en voir que ce qui y correspond. Il supprime et sélectionne des parties de son visage ou de son corps, afin que son bonheur ne soit pas « médiocre ». Il remodèle le monde pour retrouver à l'identique le plaisir d'un « temps perdu ».

La deuxième fois qu'il va ainsi chez elle – il veut lui montrer une gravure –, elle est un peu souffrante. Elle le reçoit en peignoir de crêpe de Chine mauve, les cheveux dénoués, et pour regarder la gravure, elle fléchit une jambe dans une attitude légèrement dansante ; elle incline la tête, ses yeux sont fatigués et maussades, et tout à coup « elle frappa Swann par sa ressemblance avec cette figure de Zéphora, la fille de Jéthro, qu'on voit dans une fresque de la chapelle Sixtine ». « Swann se reprocha d'avoir méconnu le prix d'un être qui eût paru adorable au grand Sandro, et il se félicita que le plaisir qu'il avait à voir Odette trouvât une justification dans sa propre culture esthétique. Il se dit qu'en associant la pensée d'Odette à ses rêves de bonheur, il ne s'était pas résigné à un pis-aller aussi imparfait qu'il l'avait cru jusqu'ici, puisqu'elle contentait en lui ses goûts d'art les plus raffinés. »

Autre remarque : Odette sera choisie, alors que – ou plutôt *parce que – il ne la désire pas* ; comme il le dit : ce n'est précisément pas ce genre de femmes que « ses sens réclament ». Il s'agit de trouver à l'extérieur de lui une justification à son attachement – justification en l'occurrence esthétique : Odette était donc une « œuvre florentine » et « il se disait qu'il était raisonnable de donner beaucoup de son temps à un chef-d'œuvre inestimable, coulé pour une fois dans une matière différente et particulièrement savoureuse, en un exemplaire rarissime qu'il contemplait tantôt avec l'humilité, la spiritualité et le désintéressement d'un artiste, tantôt avec l'orgueil, l'égoïsme et la sensualité d'un collectionneur ».

Nous verrons cette constante d'un impossible accès à soi-même : il lui faut nécessairement prendre appui sur l'extérieur pour être renseigné, puis être confirmé dans son propre désir – cet extérieur prenant la forme d'autres hommes (réels ou imaginaires, « il se reprocha d'avoir méconnu le prix d'un être qui eût paru adorable au grand Sandro... ») qui désirent la même femme. L'envie et le désir de triompher d'eux le poussent à « désirer » une femme ; désirer ? ou plutôt s'approprier ?

Tout est désormais en place pour une cristallisation amoureuse... : sur sa table de nuit, Swann installe « comme une photographie d'Odette, une reproduction de la fille de Jéthro » ! ! La vulgarité du réel tant redoutée chez lui est conjurée.

Cependant, ces filtres artistiques qu'il a posés sur la vraie Odette ne l'empêchent pas de redouter l'ennui... ennui pour elle, mais surtout *ennui pour lui* : « Elle semblait ne pas avoir grand-chose à lui dire ; il craignait que les façons un peu insignifiantes, monotones, et comme définitivement fixées qui étaient maintenant les siennes quand ils étaient ensemble ne finissent par tuer en lui cet espoir romanesque d'un jour où elle voudrait déclarer sa passion, qui seul l'avait rendu et gardé amoureux. » Alors il écrit des lettres où il invente déceptions et colères afin « de renouveler un peu l'aspect moral [!], trop figé, d'Odette, et dont il avait peur de se fatiguer ». Feindre la jalousie, quand c'est lui qui en dirige le jeu, le sort de son insatisfaction chronique devant le quotidien et le réanime. Car, bonheur ! non seulement il vérifie alors le tout-pouvoir qu'il a sur elle, mais il pénètre davantage dans ce qui jusque-là était resté caché de son cœur et dissipe un peu de cet inconnu qui le fait souffrir. Ainsi le soir, quand il approche de la maison des Verdurin, la présence d'Odette pourvoit cette maison d'« une sorte d'appareil sensitif, de réseau nerveux qui se ramifiait dans toutes les pièces et apportait des excitations constantes à son cœur » – excitations qui lui donnent une délicieuse certitude : il est lui-même intéressant et vivant, et il n'a plus à être rongé de doutes sur la possibilité de finalement s'ennuyer avec elle ou elle avec lui. Et, autre certitude : il maîtrise tout de cette relation amoureuse et platonique. Odette est bien une création de sa seule omnipotence ; il est tout pour elle.

- **Swann enfin « possède » Odette**

Jusqu'au jour où... étant lui-même d'humeur maussade à l'idée de devoir rentrer comme chaque soir avec Odette, il s'est attardé avec sa jeune ouvrière (qu'il n'a pas pour autant abandonnée. Nous retrouvons les deux aspects clivés de sa relation aux femmes : la sensualité avec sa petite ouvrière, le désintéressement et la spiritualité avec Odette !) ; il arrive chez les Verdurin au moment où Odette, pensant qu'il ne viendrait plus, était partie. Swann ressent alors « une souffrance au cœur » : *Odette peut ne pas être là quand lui le désire. Il n'a pas tout-pouvoir sur elle.*

Le maître d'hôtel a été chargé de lui dire qu'elle irait prendre du chocolat chez Prévost. Et Swann d'y aller. Mais dans cette voiture qui l'emmène vers cette femme qu'il n'avait précisément pas envie de voir ce jour-là et que tout à coup son absence rend indispensable, il s'aperçoit qu'il n'est plus le même. « Il n'était plus seul, un être nouveau était là avec lui, adhérent, amalgamé à lui », « sa vie lui paraissait plus intéressante ».

Car, jusque-là, qu'était sa rencontre avec Odette ? « fort peu de chose ».

Enfin, peut-être cet événement va-t-il, en lui donnant de vivre des excitations fortes, le sortir de sa morosité et des contradictions dans lesquelles il s'était enfermé ? En effet, il s'était senti contraint à cacher son désir pour elle, afin qu'elle puisse continuer à croire à son désintéressement. Chaque jour alors, il renouvelait « la déception et la torture que lui apportait la vaine présence de cette femme qu'il approchait sans oser l'étreindre ».

Odette n'était pas chez Prévost. Il fait les restaurants environnants et envoie son cocher Rémi dans d'autres. Personne. Ce dernier lui conseille alors de rentrer. Lui conseiller de renoncer ? C'est ne pas le connaître et vouloir le renforcer dans la décision contraire : c'est bien le sens de ce passage[2] qui parle du besoin insensé et douloureux de posséder celui qui tout à coup, *parce qu'il vous fait défaut*, devient une « idée fixe » et exclusive ; il va ainsi courir Paris « non parce qu'il croyait possible de la rejoindre, mais parce qu'il lui était trop cruel d'y renoncer ». *Encore une fois, ce n'est pas d'elle qu'il s'agit et du plaisir de la retrouver, mais de lui et de son besoin absolu de maîtriser la perte.*

Finalement, il la retrouve et monte avec elle dans sa voiture.

Brusquement, le cheval fait un écart. Effrayée, elle reste un moment sans respiration. Alors il lui demande la permission de remettre droites les fleurs de son corsage (des catleyas), faisant mille manières auxquelles elle n'est guère habituée avec les hommes : « Sérieusement, je ne suis pas désagréable ? Et en les respirant pour voir s'ils n'ont pas d'odeur, non plus ? » De cet épisode qui va leur donner pour la première fois prétexte à faire l'amour, ou suivant une métaphore à leur usage personnel, « faire catleya » – acte de possession physique où, souligne-t-il, « précisément on ne possède rien » –, il faut relever une séquence intéressante concernant la nature de son plaisir au moment de l'arrangement des catleyas : « Il espérait en tremblant, ce soir-là (mais Odette, se disait-il, si elle était dupe de sa ruse, ne pouvait le deviner) que c'était la *possession* de cette femme qui allait sortir d'entre leurs larges pétales mauves ; et le plaisir qu'il éprouvait déjà et qu'Odette ne tolérait peut-être, pensait-il, que parce qu'elle ne l'avait pas reconnu, lui semblait, à cause de cela – comme il put paraître au premier homme qui le goûta parmi les fleurs du paradis terrestre – *un plaisir qui n'avait pas existé jusque-là, qu'il cherchait à créer*, un plaisir – ainsi que le nom spécial qu'il lui donna en garda la trace – entièrement particulier et nouveau. »

Ainsi, le plaisir non seulement ne se partage pas, mais il faut ruser pour que l'autre n'en reconnaisse pas l'existence en soi. Odette tolère son plaisir... parce que tout simplement elle ne l'a pas reconnu ! L'objectif de Swann étant que cette création ne concerne que lui seul pour ainsi garder l'illusion de son entière liberté : Odette n'a bien aucun pouvoir sur lui. Cependant, si le plaisir donné par l'autre (ce plaisir qui vous rend dépendant de ce dernier) est refusé, le mouvement d'emprise reste alors sans butée possible [3]. Rien ne sera plus susceptible d'arrêter son emballement.

- Un masochisme à la mesure de ce besoin d'emprise

Mais cette possession enfin réalisée d'Odette va le « posséder » lui-même. Odette est miroir ; plus que miroir, elle est aussi une présence permanente qu'il se donne par la pensée, « ainsi il ne se trouvait pas seul ». Proust la compare à une bête aimée qu'on emmène partout et « qu'il garderait avec lui à table, à l'insu des convives. Il la caressait, se réchauffait à elle (...) la pensée constante d'Odette donnait aux moments où il était loin d'elle le même charme particulier qu'à ceux où elle était là » ! Le même charme particulier ? Cet assujettissement de la pensée, avec l'aspect magique d'emprise voulue sur elle, l'assujettit lui-même ; obnubilé par elle, il nous dit qu'« il ne savait même pas s'il avait senti l'odeur des feuilles, s'il y avait eu du clair de lune ». *Imaginairement présent à elle, il n'est plus présent à lui-même* ; nous verrons que la perte de soi que fait nécessairement vivre l'autre est un leitmotiv proustien, magnifiquement illustré dans l'anecdote concernant Mahomet II : « Swann sentait bien près de son cœur ce Mahomet II dont il aimait le portrait par Bellini et qui, ayant senti qu'il était devenu amoureux fou d'une de ses femmes, la poignarda afin, dit naïvement son biographe vénitien, de retrouver sa liberté d'esprit. » Cet aspect de réciprocité narcissique dans la possession exercée et subie explique sans doute la pathétique fuite en avant dans l'essai de toujours contrôler davantage.

En réalité, la plupart du temps, Swann préférerait sa tranquillité à la présence réelle d'Odette. Toutefois, depuis qu'il s'était aperçu qu'à « beaucoup d'hommes Odette semblait une femme ravissante et désirable, le charme qu'avait pour eux son corps avait éveillé en lui un besoin douloureux de la maîtriser entièrement dans les moindres parties de son cœur ». Ainsi, son désir s'apprend et se confirme à partir du désir manifesté *hic et nunc* par d'autres hommes. Et puis, nous dit-il, « il satisfait une curiosité voluptueuse en connaissant les plaisirs des gens qui vivent par l'amour », ainsi, il se sent désormais comme tous les autres hommes, il a maintenant lui aussi son secret, une affaire amoureuse qui le pare de mystère, de « charme intérieur » aux yeux de ceux qui le voient agir : « Le fait même de se déranger à une heure anormale pour aller chez elle, de deviner que les amis qui le quittaient se disaient : il est très tenu, il y a certainement une femme qui le force à aller chez elle à n'importe quelle heure, lui faisait sentir qu'il menait la vie des hommes qui ont une affaire amoureuse dans leur existence, et en qui le sacrifice qu'ils font de leur repos et de leurs intérêts à une rêverie voluptueuse fait naître un charme intérieur. » Encore une fois, ses raisons d'agir sont à l'extérieur de lui : ce qui le satisfait ici est de correspondre à une image sociale. Puis, ajoute-t-il avec candeur, il lui faut se garantir contre toutes les occasions possibles de déception et de frustration ; ainsi, « si elle voyait qu'il n'avait pas l'air de tenir à passer toujours avec elle, sans aucune exception, la fin de la soirée, négligerait-elle de la lui réserver, *justement une fois où il l'aurait particulièrement désiré* ». Au fond, il est prêt à s'imposer à lui-même tous les sacrifices – dont celui de voir Odette tous les soirs sans réel plaisir – pour ne pas être confronté à un sacrifice qui lui serait imposé... un seul soir ; son masochisme est à la mesure de son besoin absolu d'emprise !

Autre raison liée à son besoin de possession, et à son incapacité d'y renoncer, la régularité journalière des visites « neutralisait cette angoisse oubliée, mais toujours prête à renaître, qu'il avait éprouvée le soir où Odette n'était plus chez les Verdurin, et dont l'apaisement actuel était si doux que cela pouvait s'appeler du bonheur. Peut-être était-ce à cette angoisse qu'il était redevable de l'importance qu'Odette avait prise pour lui ». Et il ajoute cet aveu bouleversant : « Les êtres nous sont d'habitude si indifférents que, quand nous avons mis dans l'un d'eux de telles possibilités de souffrance et de joie *pour nous*, il nous semble appartenir à un autre univers. »

De temps en temps, il sent cependant de façon aiguë que les qualités d'Odette ne justifient pas qu'il attache tant de prix aux moments passés auprès d'elle, et qu'il sacrifie ses intérêts intellectuels et sociaux à un « plaisir imaginaire ». La musique alors vient renouveler son plaisir, « la petite phrase, dès qu'il l'entendait, savait rendre libre en lui l'espace qui pour elle était nécessaire » et « à ce que l'affection d'Odette pouvait avoir d'un peu court et décevant, elle venait ajouter, amalgamer son essence mystérieuse ». La musique tout à coup dilatait le monde, lui faisait « expérimenter des parfums » et lui parlait d'un autre univers que nos yeux ne perçoivent pas, que notre intelligence ne comprend pas, mais qui est capable de lutter contre la sécheresse de la vie. Ou bien, si ce n'était la musique, il appelait à lui les maîtres vénitiens : si « elle le regardait d'un air maussade, il revoyait un visage digne de figurer dans la *Vie de Moïse* de Botticelli, il l'y situait, il donnait au cou d'Odette l'inclinaison nécessaire ; et quand il l'avait bien peinte à la détrempe, au XVe siècle, sur la muraille de la Sixtine, l'idée qu'elle était cependant restée là, près du piano, dans le moment actuel, prête à être embrassée et possédée, l'idée de sa matérialité et de sa vie venait l'enivrer avec une telle force que, l'œil égaré, les mâchoires tendues comme pour dévorer, *il se précipitait sur cette vierge de Botticelli* ». Puis il la quittait, mais revenait encore une fois l'embrasser, « parce qu'il avait oublié d'emporter dans son souvenir quelque particularité de son odeur ou de ses traits ». Il ne se dit ni amoureux, ni joyeux, ni triste... il enregistre, ou essaie d'enregistrer d'elle des sensations à son usage personnel : une odeur, un trait ; comme s'il ne pouvait garder une image entière d'elle à l'intérieur de lui et qu'il était obligé de s'agripper à une sensation isolée ; il n'attend rien d'elle et, nous l'avons déjà souligné, il n'imagine aucun partage de plaisir ; lui, certes, l'a pris seul, ce plaisir, « se précipitant l'œil égaré sur cette vierge de Botticelli » ; si, quand il s'en va, il bénit Odette « de lui permettre ces visites quotidiennes », il sent qu'elles ne doivent « pas lui causer à elle une bien grande joie » et il pense seulement que ces visites le préservent de devenir jaloux... Il ne se sent ni intéressant ni important pour elle. À lui non plus, elle ne cause pas une très grande joie. Comment alors imaginerait-il la réciproque ? Simplement, il cherche à établir une relation dont il serait le maître absolu et où plus jamais il n'aurait à se confronter à la souffrance « impensable » pour lui du renoncement.

D'ailleurs, il est d'une précautionneuse prudence dans ce registre. Il imagine difficilement qu'Odette ait une vie autre que celle qu'il connaît, mais surtout il ne veut pas le savoir. Il ne sait rien de son emploi du temps ou de son passé, et ne se pose pas la question. Si parfois un ami lui dit l'avoir rencontrée et lui décrit sa silhouette, « ce simple croquis bouleversait Swann parce qu'il lui faisait tout d'un coup apercevoir qu'Odette avait *une vie qui n'était pas tout entière à lui* ». On lui avait bien parlé d'elle, quelques années auparavant, comme d'une femme entretenue ; mais une femme entretenue a un caractère foncièrement pervers, et à cela il opposait « celui d'Odette, bonne, naïve, éprise d'idéal... » qui l'avait tant remué quand elle lui avait dit « d'une voix si naturelle et si convaincue qu'elle donnerait sa vie pour trouver une affection ». Comment croire que l'apparence ne résume pas toute la personne ? Parfois tout de même, il était pris de soupçon, comme quand elle prétextait qu'elle ne voulait pas aller dans le monde où une amie avait dit du mal d'elle. « Mais tout le monde n'a pas connu ton amie ! » Quelles révélations redoutait-elle ? « Il se le demandait, mais pas longtemps car il était sujet, lui aussi, à cette lourdeur d'esprit qui s'appesantissait sur son père quand il se posait un problème difficile. »

Au fond d'ailleurs, que lui importe la vraie vie d'Odette ?... C'est celle qu'il s'est créée de toutes pièces à coup d'artifices esthétiques, celle dont il lui faut jour après jour s'assurer l'entière possession, cette Odette qu'il s'ingénie par le souvenir à « couler comme en or » en abolissant les intervalles, comme il le dit lui-même, qu'il doit à tout prix préserver ; car il s'agit pour lui, grâce à l'idéalisation, de lutter contre un sentiment de vide, d'insignifiance, de manque d'estime de lui-même.

- **Un vide de soi-même**

Ce sentiment, il affleure constamment chez Swann ; en effet, comment comprendre qu'il se sente si inintéressant pour une femme comme Odette dont il sait bien lui-même depuis le début qu'elle est vulgaire et bête (comment d'ailleurs l'avoir choisie ?), et qu'il n'ait, lui, aucune conscience de sa propre valeur ? Comment comprendre par exemple que cet homme cultivé, reçu dans la meilleure société, n'ait même pas confiance dans ses propres jugements – surtout en ce qui concerne le « chic » – et puisse penser que ceux d'Odette valent les siens ? « Swann ne cherchait nullement à lui faire modifier cette conception du chic ; pensant que la sienne n'était pas plus vraie, était aussi sotte, dénuée d'importance, il ne trouvait aucun intérêt à en instruire sa maîtresse. » Ou bien encore, il pensait que « tout est affaire d'époque (...) dont les plus vulgaires valent celles qui passent pour les plus distinguées. Et comme il jugeait que l'importance attachée par Odette à avoir des cartes pour le vernissage n'était pas en soi quelque chose de plus ridicule que le plaisir qu'il avait autrefois à déjeuner chez le prince de Galles, de même, il ne pensait pas que l'admiration qu'elle professait pour Monte-Carlo ou pour le Righi fût plus déraisonnable que le goût qu'il avait, lui, pour la Hollande qu'elle se figurait laide et pour Versailles qu'elle trouvait triste. Aussi se privait-il d'y aller, ayant plaisir à se dire que c'était pour elle, qu'il voulait ne sentir, n'aimer qu'avec elle ».

Ce passage demande plusieurs commentaires. *A priori* et hors du contexte, l'attitude de Swann pourrait être interprétée comme témoignant d'une grande largeur d'esprit et d'un respect tout à fait louable de la différence de goûts d'Odette. Or ses modes relationnels avec elle sont pour le moins en contradiction avec cette interprétation : la différence d'Odette ? C'est précisément ce dont il n'a pas la moindre idée et ce contre quoi il lutte activement par tous les stratagèmes dont nous avons déjà parlé. Alors ? Comment comprendre cette apparente délicatesse de sentiments ?

Une distinction éclairerait peut-être ce problème : face à ce type de comportement, il faudrait faire la différence entre un « oubli de soi » et un « vide de soi ». Dans l'oubli de soi, existant à part entière avec ses jugements propres et ses goûts propres, quelqu'un peut, par amour, faire passer les goûts différents de l'autre avant les siens. Le vide de soi, c'est tout autre chose : réécoutons ce que dit Swann ; il pense que sa conception n'est pas plus vraie, est aussi sotte, aussi dénuée d'importance que celle d'Odette. Autrement dit, lui-même n'a pas confiance en ses propres goûts et jugements, et il n'y a à l'intérieur de lui aucune hiérarchie de valeurs qui lui permettrait de se situer ; pour lui, rien n'est plus vrai ou plus réel qu'autre chose [4] ; *rien ne fait sens* : n'est-ce pas parce que son univers est resté régi par le principe de plaisir que tout se vaut ? En effet, aucun plaisir subjectif n'est plus « valable » ou respectable qu'un autre...

Le sens et la hiérarchie des valeurs sont peu à peu appris dans la relation à un autre qui, se différenciant de soi, oblige à un progressif décentrement : puisqu'il y a un bien et un mal aussi pour lui, ceux-ci ne sont fonction ni de mon plaisir ni du sien ; entre ce que je suis et ce que je désire, entre ce qu'est l'autre et ce qu'il désire, j'apprends qu'une loi partagée sur le bien et le mal nous transcendant tous les deux nous fait nous situer par rapport à elle, et donc par rapport à autre chose que nos plaisirs individuels. Swann, lui, ne croit à rien, pas plus en lui-même qu'en l'autre, pas plus au mal qu'au bien, et ne se situe par rapport à aucune loi intérieure (d'ailleurs, dans l'œuvre de Proust, personne ne se soucie d'un bien ou d'un mal dans la relation à quiconque), et effectivement rien n'a alors d'importance puisque tout plaisir en vaut bien un autre... la gentillesse narcissique, qui caractérise Swann, est faite de ce vide de soi – personne n'y habite le moi – sous le primat maintenu du principe de plaisir.

Un autre commentaire s'impose : après cette équivalence proclamée des jugements et des goûts, Swann conclut : « Aussi se privait-il d'y aller, ayant plaisir à se dire que c'était pour elle, qu'il voulait ne sentir, n'aimer qu'avec elle. » Nous avons plusieurs fois relevé le besoin de Swann de réduire Odette à lui-même, à son imaginaire. Odette n'existe pour lui qu'à la mesure où il la crée entièrement et où cette création en fait la même que lui.

Or, maintenant, c'est lui qui veut devenir totalement identique à elle. Mais il ne connaît de la relation que cette modalité... aimer, c'est devenir les mêmes, dans une parfaite réciprocité narcissique *avec cette nécessité cependant que ce « devenir les mêmes » soit sous l'entier contrôle de Swann*. Car, s'il se prive pour elle, pour ne sentir qu'avec elle, *lui seul le décide* (sans aucunement lui demander son avis...) et s'il le décide, c'est que, dans son omnipotence, il « a plaisir à se dire que c'est pour elle ». Encore et toujours il n'agit que pour son plaisir, et, en l'occurrence, ce plaisir consiste à se montrer à lui-même et ainsi à se convaincre (ayant plaisir à se dire) combien il est bon et désintéressé... n'ayant pas d'estime de lui-même, puisqu'il n'y a pas en lui cette présence aimante intérieure qui seule pourrait la lui assurer, il lui faut donc trouver par lui-même *des preuves extérieures à sa bonté.*

Ainsi, tout, le jugement, la pensée, comme les actes, est chez Swann gouverné par son plaisir : fait-il des compliments des Verdurin ? Parle-t-il de leur « noblesse morale » et de la « vraie vie » qu'on mène près d'eux ? C'est que « les qualités qu'il croyait intrinsèques aux Verdurin n'étaient que le reflet sur eux de plaisirs qu'avait goûtés chez eux son amour pour Odette ». Mais quelques mois plus tard a-t-il été évincé ? « Verdurin ! Quel nom ! Ah ! On peut dire qu'ils sont complets, qu'ils sont beaux dans leur genre ! Dieu merci, il n'était que temps de ne plus condescendre à la promiscuité avec cette infamie, avec ces ordures. »

Le plaisir lui fait idéaliser, le déplaisir diffamer... le laissant de ce fait totalement désarmé devant des personnes et des événements qui, transformés par ses propres projections, deviennent incompréhensibles pour lui... ainsi lui qui ne fait confiance à rien ni à personne, et qui cherche à tout contrôler, sera-t-il totalement grugé par Odette, exploité, bafoué. Finalement, ne voulant pas savoir qu'elle est une femme « entretenue » dans la nécessité pour lui de la « couler comme en or », il va lui-même l'entretenir, faisant de ses trahisons un motif supplémentaire à son besoin existentiel de « générosité » !

LA LOGIQUE DE SWANN ? UNE LOGIQUE DE LA JALOUSIE [5]

Si nous prenons comme grille de lecture le besoin d'avoir totalement barre sur un autre, qui se doit, en miroir, de rester idéal, les incohérences des comportements « amoureux » de Swann deviennent alors... cohérents.

- **Comment arriver à se rendre indispensable ?**

Ce qui occupe Swann envers Odette consiste à intervenir dans sa vie *à tous moments* « d'une façon agréable pour elle ». Pourtant, il la voit peu : il n'a de rendez-vous que le soir, car le jour, nous dit-il, il a « peur de la fatiguer de lui en allant chez elle ».

Swann multiplie les cadeaux, bijoux, arbustes... pour se sentir en quelque sorte près d'Odette : mais aussi et tout autant pour se rassurer sur sa valeur à lui, à elle, que sur la valeur de leur amour. Au début de leur rencontre, il avait essayé, par des colères feintes, de découvrir dans le dépit et la peine qu'il provoquait des aspects d'elle encore inconnus ; maintenant, c'est de la gratitude qu'il compte susciter et espère « tirer d'elle des parcelles intimes de sentiment qu'elle ne lui avait pas révélées encore ». A-t-elle des embarras d'argent ? Il en est heureux. Qu'Odette l'aime pour sa fortune ne lui déplairait finalement pas... car après tout, se disait-il, l'intérêt est un état plus durable que l'amour, cet « intérêt qui empêcherait de venir jamais le jour où elle aurait été tentée de cesser de le voir ». Il ne cherche aucunement une tendresse partagée avec Odette, *mais, grâce au pouvoir de l'argent, sa possession entière et définitive*. Et il ajoute : « Pour l'instant en la comblant de présents, en lui rendant des services, il pouvait se reposer sur des avantages extérieurs à sa personne, à son intelligence, *du soin épuisant de lui plaire par lui-même.* » Lui n'a rien à donner, tant il s'éprouve vide.

Suit alors un étonnant passage qui décrit admirablement comment son besoin de se regarder généreux dans le miroir qu'est Odette le fait se berner tout seul. À propos d'intérêt, lui reviennent en mémoire les bruits qui avaient couru sur la réputation de femme entretenue d'Odette. Aussitôt réapparaît son *impossibilité de penser ensemble le bon et le mauvais* ; à nouveau il oppose en lui-même cette Odette « sur le visage de qui il avait vu passer les mêmes sentiments de pitié pour un malheureux, de révolte contre une injustice, de gratitude pour un bienfait, qu'il avait vu éprouver autrefois par sa propre mère » à un monde « diabolique » qui n'a rien à voir avec elle. Il se remémore les propos qu'elle tient sur les choses qu'il connaît le mieux lui-même, ses collections, son vieux domestique, son banquier... cette dernière image le faisant brusquement penser qu'il lui faut ce mois-ci être plus généreux que le mois dernier et lui offrir cette rivière de diamants qu'elle désirait, sinon « il ne renouvellerait pas en elle cette admiration qu'elle avait pour sa générosité, cette reconnaissance, qui le rendaient si heureux, et même il risquerait de lui faire croire que son amour pour elle, comme elle en verrait les manifestations devenir moins grandes, avait diminué ».

Cette idée le ramène à celle qui s'était sournoisement introduite en lui de « femme entretenue ». Cependant, il n'approfondira pas cette idée « car un accès d'une paresse d'esprit (...) vint éteindre toute lumière dans son intelligence [6]. Sa pensée tâtonna un instant dans l'obscurité, il retira ses lunettes, en essuya les verres, se passa la main sur les yeux, et ne revit la lumière que quand il se retrouva en présence d'une idée toute différente, à savoir qu'il faudrait tâcher d'envoyer le mois prochain six ou sept mille francs à Odette au lieu de cinq, à cause de la surprise et de la joie que cela lui causerait »... et à cause de l'image de toute bonté et de toute générosité que cette « joie » lui renverrait ! La reconnaissance attendue d'Odette n'est pas seulement de la gratitude occasionnelle, c'est une reconnaissance existentielle : *dans son regard, il a besoin de se voir indispensable, merveilleux, unique. Toute sa pensée et son comportement sont tendus vers la construction d'une image de toute-bonté de lui-même, éliminant et ignorant tout ce qui dans le réel n'y correspond pas.* Ainsi, il faut lire le passage où Odette lui demande de l'argent pour aller avec son amant Forcheville et les Verdurin (sans lui) à Bayreuth... et comment il arrive à se persuader qu'« elle n'a confiance qu'en lui » et qu'il est au fond naturel que grâce à lui, dont la bonté, la loyauté a conquis un rang élevé, unique dans son estime, elle puisse rendre des politesses !

Comparer cette manière d'être avec celle de Louis dans *Le Nœud de vipères*, comme nous le faisions déjà un peu plus haut, nous fait clairement voir combien *donner ou ne pas donner peuvent servir les mêmes buts de maîtrise sur l'autre.* Swann cherche à s'assurer d'un contrôle sur Odette en la couvrant de cadeaux ; Louis, en gardant toute la fortune, afin que les autres mesurent le besoin qu'ils ont de lui, cherche, par un comportement opposé, exactement le même contrôle sur toute sa famille. Si les mêmes buts sont donc poursuivis, la relation à l'autre y est toutefois radicalement différente : Louis frustre, prive, spolie les siens, Swann au contraire gratifie, donne, comble Odette.

• De quelques techniques de subversion de la pensée et du jugement dans le but de maintenir une image idéale

Jusqu'ici, Swann s'est plus ou moins bien arrangé pour ne pas savoir les trahisons d'Odette et ne pas en souffrir ; comment aurait-il pu alors *se montrer jaloux ?* Au contraire : en dépit des occasions qui lui ont été données, il s'est montré grand seigneur ; pourtant, dès le début de son histoire avec Odette – et de son histoire tout court –, tous les ingrédients de la jalousie sont présents et agissants, en particulier la volonté de possession entière et exclusive. Nous rejoignons là ce qu'écrit Merleau-Ponty à propos de Swann : chez lui, « la jalousie est structure d'existence ». D'ailleurs, de quoi naîtra sa passion si ce n'est précisément de ce « grand souffle d'agitation » qui est passé sur lui, quand il a cru être « dépossédé » de celle que certes il ne désirait pas, mais qu'il avait lui-même enfantée à travers les filtres interposés de la musique et de la peinture ?

Swann se croit et se veut sincèrement généreux et désintéressé ; en réalité, il ne prend pas le moins du monde Odette en compte, et toutes ses actions sont régies par ses intérêts et ses besoins propres. Il croit agir pour elle, en réalité il n'agit que pour lui, dans une confusion totale de qui est qui ; il lui fait le plus naturellement du monde la morale quant à la nécessité de savoir renoncer à son plaisir... uniquement parce que ce renoncement serait la condition de son propre plaisir... Et que dire, en outre, de sa recherche de « vérité » et de l'utilisation perverse qu'il en fait ?

Un réel interprété de façon sélective. Un soir, après avoir quitté Odette, Swann revient l'épier ; sur le point de frapper aux volets et de la surprendre, il pense qu'il est bien maladroit ; il se rappelle alors qu'elle lui a souvent dit « l'horreur qu'elle avait des jaloux, des amants qui espionnent ». Il craint qu'elle le déteste, et qu'il perde son pouvoir sur elle, « tandis qu'en ce moment encore, tant qu'il n'avait pas frappé, peut-être, même en le trompant, l'aimait-elle ». Ainsi protégé d'une intolérable désillusion – tromper n'est pas incompatible avec aimer –, il peut se laisser aller à jouir comme voyeur : « Il la tenait là, éclairée en plein par la lampe, prisonnière sans le savoir dans cette chambre où, quand il le voudrait, il entrerait la surprendre et la capturer », mais cette image est incompatible avec ce qu'il veut savoir de lui. Alors il frappera, mais après s'être lui-même persuadé de la noblesse de son désir de connaître la vérité !

Une autre fois, il se rend chez elle à une heure de l'après-midi où il ne va jamais. Il sonne. Personne ne répond ; il revient une heure après. Odette lui ouvre, et il se rend compte qu'elle lui ment. Mais il se dit alors que sa tristesse n'existe qu'en lui, comme une maladie (Odette n'y est donc pour rien puisque, quand cette maladie sera guérie, ce qu'elle fera sera complètement inoffensif ; *le problème étant toujours de ne dépendre en rien de l'autre*), et il veut partir. Odette le retient vivement : elle lui assure avec force combien c'est un malheur pour elle de ne l'avoir pas entendu. Il est étonné, car il sait qu'elle n'est pas assez amoureuse pour tant se désoler ; se rappelant comme elle est bonne, il se dit qu'elle est sans doute triste de l'avoir privé d'un plaisir non pour elle, mais pour lui... Puis on entend un coup de sonnette, la porte se refermer et une voiture démarrer, « alors en songeant que rien qu'en venant à une heure où il n'en avait pas l'habitude, il s'était trouvé *déranger* tant de choses qu'elle ne voulait pas qu'il sût, il éprouva un sentiment de découragement, presque de détresse. Mais comme il aimait Odette, comme il avait l'habitude de tourner vers elle toutes ses pensées, la pitié qu'il eût pu s'inspirer à lui-même, ce fut pour elle qu'il la ressentit, et il murmura : "Pauvre chérie !" »

Swann procède par isolation d'un élément par rapport à un autre, ici les motifs du dérangement occasionné sont exclus de son raisonnement : tout à coup, il perd de vue totalement pourquoi Odette s'est sentie « dérangée », il peut du même coup continuer à la penser idéale et ignorer qu'à ce moment-là il ne contrôlait rien d'elle ; il ne retient que sa « mauvaise » action de l'avoir ainsi dérangée et peut alors s'apitoyer sur cette bonne, pauvre, *idéale* Odette.

Odette, avant qu'il ne parte, lui remet des lettres à poster. L'une est pour Forcheville. Il veut savoir ce qu'elle contient et se persuade qu'en ne la regardant pas il commettrait une indélicatesse à l'égard d'Odette... Ne garderait-il pas alors un soupçon, sans doute calomnieux ? Il lit à travers l'enveloppe. « J'ai eu raison d'ouvrir, c'était mon oncle. » Qu'en conclut-il ? « Forcheville était en tout ceci plus trompé que lui, puisque Odette lui écrivait pour lui faire croire que le visiteur était son oncle. En somme c'était lui, Swann, l'homme à qui elle attachait de l'importance et pour qui elle avait congédié l'autre... » Déconcertante candeur chez un homme aussi fin et intelligent !

Swann, confus mais heureux, restait « devant cette enveloppe qu'Odette lui avait remise sans crainte, tant était absolue la confiance qu'elle avait en sa délicatesse ». Non seulement il avait pu protéger l'image idéale d'Odette, la sienne propre, mais aussi celle de leur amour. Ce qui toutefois n'empêcha pas que, peu à peu, en sourdine, sa jalousie, « comme une pieuvre qui jette une première, puis une seconde, puis une troisième amarre s'attacha solidement à ce moment de cinq heures du soir (...). Mais Swann ne savait pas inventer ses souffrances. Elles n'étaient que le souvenir, la perpétuation d'une souffrance qui lui était venue du dehors ». Tout le surprend « du dehors » dans la perpétuation d'une souffrance à jamais identique, à jamais impensable, à jamais incluse dans la vie « idéale » qu'il veut se construire de toutes pièces.

Une « morale » à usage personnel. Swann a été évincé de chez les Verdurin. Odette maintenant passe toutes les soirées sans lui et assiste souvent à des spectacles. Par exemple, il apprend qu'elle doit aller voir *Une nuit de Cléopâtre* à l'Opéra-Comique. Que se dit-il alors ? Il se dit avoir du chagrin, non du fait de l'abandon, mais parce qu'elle a mauvais goût ; et ce chagrin, il l'éprouve non pas pour lui, *mais pour elle* (!) ; par surcroît, ce chagrin, il le ressent, parce que ayant vécu en contact quotidien avec lui « elle n'est pas arrivée à comprendre qu'il y a des soirs où un être d'une essence un peu délicate doit savoir renoncer à un plaisir, quand on le lui demande ». Effectivement, se dit-il, c'est sur ce type de comportement qu'on classe une fois pour toutes la qualité d'âme de quelqu'un. Swann essaie de « la prendre par l'amour-propre » ; ce n'est nullement par égoïsme qu'il lui demande de ne pas sortir ; pour justifier ses dires, il lui assure qu'il a mille choses à faire ce soir-là et qu'il serait donc bien ennuyé si tout à coup elle renonçait à y aller... :

« Mais mes occupations, mes plaisirs, ne sont pas tout, *je dois penser à toi.* (...) Ce qu'il faut savoir, c'est si vraiment tu es cet être qui est au dernier rang de l'esprit, et même du charme, l'être méprisable qui n'est pas capable de renoncer à un plaisir. Alors si tu es cela, comment pourrait-on t'aimer, car tu n'es même pas une personne, une créature définie, imparfaite, mais du moins perfectible ? Tu es une eau informe qui coule selon la pente qu'on lui offre, un poisson sans mémoire et sans réflexion qui, tant qu'il vivra dans son aquarium, se heurtera cent fois par jour contre le vitrage qu'il continuera à prendre pour de l'eau. » À qui parle donc Swann ? À Odette ou à lui-même ? Question vaine et sans objet : Odette créée de toutes pièces par lui n'a pas d'existence différente de la sienne. Elle est le double idéalisé de lui-même.

Odette ne comprendra pas grand-chose au contenu de ce discours tout à coup si solennel ; en revanche, sa grande habitude des hommes lui fera conclure qu'il est amoureux, et qu'il ne faut de ce fait surtout pas obéir... moyen le plus efficace pour se l'attacher davantage. Comme le dit Swann à un autre moment, donner par sa jalousie la preuve qu'on aime trop dispense à tout jamais d'aimer assez celui qui la reçoit. Elle qui reçoit tant de preuves de jalousie, marquées comme en filigrane dans tous ses beaux discours, sait que l'indifférence, l'abandon sont les meilleurs atouts pour faire faire à l'autre ce qui sert le mieux vos intérêts.

D'ailleurs, de sentir la volonté d'Odette « fugace,

insaisissable et sournoise » suffisait à Swann « pour qu'il continuât de mettre la même passion à la capter »... et à être en retour lui-même capté.

Une « vérité » au service de l'emprise et de la manipulation. « Si bien souvent il adjurait Odette de ne pas altérer la vérité, c'était seulement, qu'il s'en rendît compte ou non, pour qu'Odette lui dît tout ce qu'elle faisait. Sans doute, comme il le disait à Odette, il aimait la sincérité, mais il l'aimait comme un proxénète pouvant le tenir au courant de la vie de sa maîtresse. » Il voulait donc la vérité – une vérité inquisitoriale – pour mieux pénétrer tous les recoins de son cœur et la posséder encore un peu plus et un peu mieux ; pour obtenir cette vérité, lui-même n'hésitait pas à mentir – même s'il ne cessait de répéter que le mensonge conduit « à la dégradation toute créature humaine ».

Une fois, par exemple, il s'enquiert de savoir si elle a eu des relations homosexuelles : « Tu as bien tort de te figurer que je t'en voudrais le moins du monde, Odette, lui dit-il avec une douceur persuasive et menteuse (...) ma colère contre toi ne vient pas de tes actions, *je te pardonne tout puisque je t'aime*, mais de ta fausseté, de ta fausseté absurde qui te fait persévérer à nier des choses que je sais. » Elle admet alors « peut-être deux ou trois fois, marquant une sorte de croix dans son cœur » – ce qui la lui rend, nous dit-il alors, encore plus précieuse... car voilà qu'il découvre soudain que sa « maladie » est plus grave qu'il ne l'avait imaginé ; et pour que cela ne puisse pas se renouveler, quelle idée a-t-il aussitôt ? Il lui faut davantage veiller sur elle, davantage la surveiller et la contrôler. Swann se disait : « Comment réussir à la protéger ? »

Il ne juge pas, il ne condamne pas, non parce qu'il est bon, *mais parce que, pour ne pas souffrir, il a trouvé comme stratagème d'ignorer que le mal existe* – ce mal qui est avec le bien une facette de la « vérité » ; le mal, il en a fait « une maladie indépendante de la volonté [7] ». Dans *La Prisonnière*, il évoque « son absence d'amour-propre et de rancune » (disant toutefois que la colère et la méchanceté lui viennent de tout autre manière : par crises furieuses, c'est-à-dire hors de tout contrôle que lui donnerait le fait d'avoir conscience de ses sentiments) et à propos des relations de Morel et de M. de Charlus, voici ce qu'il écrit : « Le sentiment de la justice, jusqu'à une complète absence de sens moral, m'était inconnu. J'étais au fond de mon cœur tout acquis à celui qui était le plus faible et qui était malheureux. Je n'avais aucune opinion sur la mesure dans laquelle le bien et le mal pouvaient être engagés dans les relations de Morel et de M. de Charlus, mais l'idée des souffrances qu'on préparait à M. de Charlus m'était intolérable. » Il est particulièrement intéressant de mettre ce passage en relation avec ce qu'il raconte de son douloureux désarroi devant l'humiliation de sa grand-mère et des moyens trouvés à l'époque pour s'en protéger ; parlant d'abord du « supplice » que lui infligeait la grand-tante, il affirme que ce sont des choses auxquelles on s'habitue plus tard et qu'alors on prend en riant le parti du persécuteur pour se persuader soi-même qu'il ne s'agit pas de persécution. Il ajoute qu'à l'époque il aurait alors aimé battre cette grand-tante, mais « déjà homme par la lâcheté, je faisais ce que nous faisons tous, une fois que nous sommes grands quand il y a devant nous des souffrances et des injustices : je ne voulais pas les voir ». Que fait-il pour ne pas voir ni savoir et ne pas souffrir ? *Il remplace le sens par la sensation* : il va sangloter dans une pièce « sentant l'iris, et que parfumait aussi un cassis sauvage » et là se livre « à la lecture, la rêverie, les larmes et la volupté ». De même, Swann ne « pense » pas qu'il aime Odette ; il a brusquement la sensation de l'aimer parce que avec elle il écoute la petite phrase de Vinteuil qui, évoquant « des voluptés particulières », lui fait éprouver « comme un amour inconnu ». Puis, quelques années plus tard, il apprendra son malheur d'être éconduit par cette même petite phrase de Vinteuil qui fera déferler sur lui tous les souvenirs dont il avait jusque-là réussi à ignorer le sens.

Ne pas voir, ne pas savoir ni pour soi ni pour l'autre, ne pas juger donc, mais protéger celui ou celle qui souffre et à qui il s'identifie massivement ; quoiqu'il se passe, tout lui est prétexte à « aimer et protéger davantage », autrement dit à resserrer son emprise et son omnipotence... à travers un besoin permanent et magique de réparation (qui sert à dissimuler et à ignorer sa prise de parti pour le persécuteur et sa jouissance sadique) ; à l'extérieur de lui, il peut ainsi vérifier sa propre image de générosité désintéressée. En effet, c'est bien d'emprise qu'il s'agit : un peu plus loin, il avoue que le coup atroce reçu ne venait pas de la révélation des relations homosexuelles, mais du fait qu'il ne s'en soit pas douté, que cela lui avait échappé ! On se souvient des règles du jeu qui existaient chez les Verdurin : chez eux pareillement, les fidèles pouvaient avoir amant ou maîtresse, du moment que cela se passait chez eux, sous leur contrôle. Quand on ne peut rien croire, reste de chercher à tout savoir pour tout maîtriser.

Au fond, quand Swann parle de vérité, de générosité, de renoncement à un plaisir pour quelqu'un qu'on aime, ou de désintéressement, il ne se réfère pas à leur sens courant ; indifféremment, tous ces concepts signifient *pour lui volonté déguisée d'emprise*. Sa parole, non médiatisée par une loi intériorisée, est devenue le véhicule direct et uniformisé de son désir d'appropriation.

On se souvient à ce propos de ce fameux passage de *De l'autre côté du miroir* de Lewis Carroll où Alice trouve Heumpty Deumpty assis sur le faîte d'un haut mur et où une conversation bien étrange et décousue s'engage entre eux ; à propos du fait qu'un seul jour est réservé aux présents d'anniversaire, Heumpty Deumpty conclut : « Voilà de la gloire pour vous ! – Je ne sais ce que vous entendez par "gloire" dit Alice.

Heumpty Deumpty sourit d'un air méprisant. – Bien sûr que vous ne le savez pas, puisque je ne vous l'ai pas encore expliqué. J'entendais par là : Voilà pour vous un bel argument sans réplique ! – Mais "gloire" ne signifie pas "bel argument sans réplique", objecta Alice. – Lorsque *moi* j'emploie un mot, répliqua Heumpty Deumpty d'un ton de voix quelque peu dédaigneux, il signifie exactement ce qu'il me plaît qu'il signifie... ni plus ni moins. – La question, dit Alice, est de savoir si vous avez le pouvoir de faire que les mots signifient autre chose que ce qu'ils veulent dire. – La question, riposta Heumpty Deumpty, est de savoir qui sera le maître... un point, c'est tout. »

Nous laisserons Proust conclure : « *J'étais plus maître que je n'avais cru, plus maître, c'est-à-dire plus esclave.* »

Quand l'ambition se sert de la séduction pour arriver à ses fins : Bel-Ami *de Maupassant*

Au début du roman, Georges Duroy, dont le surnom si éloquent de Bel-Ami lui sera donné par la petite fille de la première « femme du monde » à devenir sa maîtresse, erre sans le sou dans la capitale à la recherche d'un bock, d'un repas, voire d'une prostituée. Trois ans plus tard, il sera devenu, par son mariage avec une fille de banquier, un des hommes les plus riches de Paris...

Dès les premières lignes, Maupassant, brosse le portrait d'« un homme affamé d'argent, privé de conscience, une graine de gredin, qui va pousser dans le terrain où elle tombera ». Deux notations, par exemple, disent combien ce Bel-Ami est prêt à tout pour arriver ; dans la rue pleine de monde « il avançait brutalement, poussant les gens pour ne point se déranger de sa route » – belle métaphore de son comportement dans la vie. Ou autre image forte de son cynisme : il passe devant un café et, en colère contre les gens qui y sont assis, il se dit qu'il tordrait bien le cou à l'un d'eux. « Un sourire cruel et gai passa sur ses lèvres au souvenir d'une escapade qui avait coûté la vie à trois hommes de la tribu des Ouled-Alane et qui leur avait valu, à ses camarades et à lui, vingt poules, deux moutons et de l'or, et de quoi rire pendant six mois. »

Mais, bien entendu, si Georges Duroy arrive à si bien réussir, c'est qu'il n'est pas d'une pièce et qu'il peut présenter bien d'autres facettes que celle du cynisme ; il se montrera assez « malin, roublard et débrouillard » pour totalement dissimuler cet opportunisme sans scrupule sous les dehors de l'amitié ou de la passion amoureuse. Un passage rend bien compte de la complexité du personnage : « Sa conscience native de Normand, frottée par la pratique quotidienne de l'existence de garnison, distendue par les exemples de maraudages en Afrique, de bénefs illicites, de supercheries suspectes, fouettée aussi par les idées d'honneur qui ont cours dans l'armée, par les bravades militaires, les sentiments patriotiques, les histoires magnanimes racontées entre sous-offs et par la gloriole du métier, était devenue une sorte de boîte à triple fond où l'on trouvait de tout. » C'est de cette boîte à triple fond que naîtra pour tous ceux qu'il va désormais rencontrer un « bel ami ».

UNE RENCONTRE PROVIDENTIELLE

Sur ce même boulevard où Duroy traîne, voici que par hasard il rencontre un ancien camarade de service militaire qui a réussi dans le journalisme, et va formuler pour lui les règles de la réussite dans le monde. Alors que Georges se plaint qu'il ne connaît personne, Forestier assure : « Vois-tu mon petit, tout dépend de l'aplomb ici. Un homme un peu malin devient plus facilement ministre que chef de bureau. Il faut s'imposer et non pas demander. » Il lui déconseille fortement de s'engager comme écuyer dans un manège, « c'est comme si tu étais maître d'hôtel dans une maison où le Tout-Paris va dîner. Quand tu auras donné des leçons d'équitation aux hommes du monde ou à leurs fils, ils ne pourront plus s'accoutumer à te considérer comme leur égal ». Il lui suggère de faire plutôt du journalisme. En homme qui connaît la vie, il lui affirme que, même dans ce métier, cela n'a aucune importance de ne pas être bachelier du moment que « tu sais à peu près ce que c'est que Cicéron ou Tibère. Personne n'en sait davantage, à l'exception d'une vingtaine d'imbéciles qui ne sont pas fichus de se tirer d'affaire (...) le tout est de ne pas se faire pincer en flagrant délit d'ignorance. On manœuvre, on esquive la difficulté, on tourne l'obstacle, et on colle les autres au moyen d'un dictionnaire. Tous les hommes sont bêtes comme des oies et ignorants comme des carpes ».

Ils s'installent à une terrasse pour prendre un dernier bock, et deux femmes de mœurs légères viennent prendre place à leur table, commandant deux grenadines. Forestier, surpris, les rabroue ; il s'entend dire à ce moment-là que c'est son ami et non lui qui l'a séduite. « C'est vraiment un joli garçon. Je crois qu'il me ferait faire des folies. » Elles boivent et s'en vont. Forestier se met à rire, et ce qu'il va dire sera comme un programme de vie pour Georges Duroy : « Dis donc mon vieux, sais-tu que tu as vraiment du succès auprès des femmes ? Il faut soigner ça. Ca peut te mener loin. Il se tut une seconde, puis reprit, avec ce ton rêveur des hommes qui pensent tout haut : *c'est encore par elles qu'on arrive le plus vite.* »

Puis ils se quittent, Forestier l'ayant invité pour le lendemain chez lui et lui ayant donné deux louis pour s'acheter un habit correct. Mais, dès que ce dernier a le dos tourné, se sentant « libre », il part à la recherche de cette femme qu'il avait séduite, lui affirmant qu'il n'a qu'un louis pour la payer ; il se dit en lui-même qu'avec le reste de l'argent il pourra quand même se procurer un habit en location...

Outre ces rencontres de hasard et une longue liaison avec Mme de Marelle, trois femmes serviront de marchepied à son ascension sociale : Madeleine Forestier d'abord, Mme Walter, puis la fille de cette dernière, Suzanne.

PREMIER MARCHEPIED À SA RÉUSSITE PROFESSIONNELLE : MADELEINE FORESTIER

La relation à Madeleine sera la plus longue et connaîtra plusieurs étapes ; de l'amitié exigée par Madeleine, celle-ci se transformera en lien conjugal amoureux pour finir en jalousie haineuse.

Nous avions laissé Georges Duroy avec un louis dans sa poche devant servir à louer un habit pour se rendre à un dîner donné par les Forestier. C'est à ce dîner qu'il fera la connaissance de Madeleine, une jeune femme blonde « d'une figure irrégulière et séduisante, pleine de gentillesse et de malice ». Chez elle, dans le confort de son appartement, il lui sembla « qu'il entrait dans une vie nouvelle et charmante, (...) qu'il devenait quelqu'un, qu'il était sauvé ». Le dîner était excellent. « Duroy avait trouvé le corton de son goût et il laissait chaque fois emplir son verre. Une gaieté délicieuse entrait en lui ; une gaieté chaude qui lui montait du ventre à la tête, lui courait dans les membres, le pénétrait tout entier. Il se sentait envahi par un bien-être complet, un bien-être de vie et de pensée, de corps et d'âme. » Grisé par tout ce vin, il s'enhardit à parler de l'Algérie avec beaucoup de verve, et tout le monde avait le regard fixé sur lui. Forestier en profita pour recommander son ami et demander au patron du journal, M. Walter, de le lui adjoindre pour le service des informations politiques ; M. Walter lui donna alors rendez-vous pour le lendemain, lui demandant de commencer tout de suite à écrire une série d'articles sur ses souvenirs d'Algérie.

Au sortir de ce dîner, Georges Duroy avait envie de courir, de rêver, mais en même temps il était soucieux pour cet écrit que le père Walter lui avait demandé et il décida de s'y mettre immédiatement. Mais las ! Ce qu'il aurait pu dire, il n'arrivait point « à le formuler avec des mots écrits. Et son impuissance l'enfiévrant (...) toute sa joie disparut en une seconde avec sa confiance en lui et sa foi dans l'avenir. C'était fini, tout était fini, il ne ferait rien, il ne serait rien ; il se sentait vide, incapable, inutile, condamné ». Après le tout de la gloire, c'était le rien du désespoir. Il se remit peu à peu à rêvasser, comme il faisait chaque soir, d'un amour magnifique, puis, restauré par cet espoir, il se dit qu'il lui fallait dormir et qu'il aurait les idées plus claires ensuite. Mais comme le lendemain les idées le fuyaient toujours, il résolut d'aller demander de l'aide à son ami Forestier. Il arriva au moment où celui-ci s'en allait : « Va-t'en trouver ma femme ; elle t'arrangera ton affaire autant que moi » – et effectivement, à trois heures, il put donner son article à M. Walter qui l'engagea et lui demanda la suite pour le lendemain. Mais le lendemain il se fit éconduire par Forestier, et l'article qu'il avait écrit tout seul fut refusé ; il renonça alors pour un temps au statut de chroniqueur et se contenta d'être un « remarquable reporter ».

Au cours d'un dîner, il avait rencontré Mme de Marelle dont il devint avec fierté l'amant ; c'était la première fois qu'il tenait ainsi dans ses bras une femme du monde mariée. Puis, brouillé avec elle, il songea à faire une visite à Mme Forestier à qui il déclara son amour. Celle-ci se refusa comme maîtresse, mais se proposa comme amie et pour preuve de cette amitié lui dit sa maladresse à ne pas aller rendre visite à Mme Walter, la femme de son patron. Il se trouvera bien d'avoir écouté ce conseil : dans les jours qui suivent, il se voit nommé « chef des échos » et est invité à un dîner chez les Walter.

À ce dîner, chacun sera frappé par la maigreur brutale et la toux incessante de Forestier. Après son départ, les commentaires fusent : « Mme de Marelle affirma avec sérénité : Oh ! il est perdu ! En voilà un qui avait eu de la chance de trouver une femme comme la sienne. Duroy demanda : Elle l'aide beaucoup ?

C'est-à-dire qu'elle fait tout. Elle est au courant de tout, elle connaît tout le monde sans avoir l'air de voir personne ; elle obtient ce qu'elle veut. Oh ! elle est fine, adroite et intrigante comme aucune, celle-là. En voilà un trésor pour un homme qui veut parvenir. » Et Maupassant un peu plus loin d'ajouter : « Duroy se retira, le cœur troublé et l'esprit plein de vagues combinaisons. »

La santé de Forestier se dégrade de jour en jour et il part pour Cannes « en convalescence ». C'est alors que Duroy reçoit un mot de Madeleine : « Cher monsieur et ami, vous m'avez dit n'est-ce pas que je pouvais compter sur vous en tout ? Eh bien j'ai à vous demander un cruel service, c'est de venir m'assister, de ne pas me laisser seule aux derniers moments de Charles qui va mourir. » À la lecture de cette lettre, Georges ressent « comme un espace qui s'ouvrait devant lui » et il décide d'y courir. Une fois là-bas il prend peur devant son ami qui se meurt et est pris d'une envie de fuir, mais finalement il se ressaisit, se disant qu'il va ainsi perdre « par sa couardise tout le bénéfice de son dévouement ». Il assiste donc avec Madeleine à l'agonie de son ami et il se pose alors des questions sur le pourquoi elle a épousé « ce garçon médiocre et pauvre et comment elle avait fini par en faire quelqu'un », et il se dit alors : « Pourquoi n'essaierait-il pas lui-même cette conquête ? Comme il serait fort avec elle et redoutable ! Comme il pourrait aller vite et loin, et sûrement. »

Avant de se séparer, il lui dit combien il serait heureux de l'avoir comme épouse...

Georges rentre à Paris et reprend la vie avec Mme de Marelle qui a elle-même loué un appartement pour leurs aventures galantes. Quelques mois plus tard, Madeleine accepte de devenir sa femme. En guise de voyages de noces, elle lui demande d'aller chez ses parents à lui, deux campagnards qui tiennent un café. Elle se ressent navrée, déçue : « D'où venait donc qu'ils la choquaient par mille choses menues, invisibles, par mille grossièretés insaisissables, par leur nature même de rustres, par ce qu'ils disaient, par leurs gestes et leur gaieté ? Elle se rappelait sa mère à elle, dont elle ne parlait jamais à personne, une institutrice séduite, élevée à Saint-Denis et morte de misère et de chagrin quand Madeleine avait douze ans. Un inconnu avait fait élever la petite fille. Son père sans doute ? Qui était-il ? Elle ne le sut point au juste, bien qu'elle eût de vagues soupçons. » Dès le lendemain matin, elle lui demande de s'en retourner. Comme ils partent, Duroy se met à rire : « Je n'aurais pas dû te faire connaître Monsieur et Madame Du Roy de Cantel, père et mère », suivant la nouvelle orthographe de leur nom suggérée par Madeleine pour figurer sur les lettres de faire-part...

Ils reviennent donc à Paris et sont installés depuis deux jours dans l'ancien appartement de feu son ami quand Georges, très amoureux, rentre chez lui avec une grosse botte de roses ; mais dans un vase, un bouquet semblable a déjà été apporté par le comte de Vaudrec... Après un moment de dépit où il a finalement envie de jeter ses fleurs, ils dînent à trois agréablement ; puis, après le départ du comte, ils écrivent tous les deux un article signé Georges Du Roy de Cantel qui fait grand bruit et lui donne d'être alors chargé de la rédaction politique à *La Vie française.*

Mais un jour, ses collègues font semblant de se tromper et l'appellent Forestier : « Oh ! pardon, c'est à toi que je veux parler ; je te confonds toujours avec ce pauvre Charles. Cela tient à ce que tes articles ressemblent bigrement aux siens. Tout le monde s'y trompe. »

Il est alors intéressant de suivre l'évolution des sentiments de Georges tels que Maupassant les décrit avec une grande finesse.

Dans un premier temps, il est envahi, obnubilé par ce personnage de Charles Forestier dont il a lui-même pris la place auprès de sa femme : « Il ne pouvait plus penser qu'à lui, parler que de lui. » En fait, tout – les objets de la maison, sa femme, les collègues – vient de l'extérieur l'accuser d'imposture : « Il était pour lui, ce nom, une raillerie mordante, plus qu'une raillerie, presque une insulte. Il lui criait : c'est ta femme qui fait la besogne comme elle faisait celle de l'autre. Tu ne serais rien sans elle. »

Face à cet envahissement, son premier réflexe est de dénigrer, d'abaisser, de ridiculiser son ex-rival : « Comment a-t-elle pu épouser un pareil sot ! », à tout le moins de lui faire porter ce chapeau d'imposteur qu'il refuse pour lui : « Il admettait parfaitement que Forestier n'eût rien été sans Madeleine ; mais quant à lui, allons donc ! » Alors « il se vengeait en poursuivant le mort de railleries haineuses » et en le tournant en dérision. Puis il veut savoir un tas de détails intimes que sa femme se refuse à dire, pour en arriver à vouloir faire avouer à Madeleine qu'elle l'avait fait cocu. « Sacristi, si quelqu'un en avait la tête, c'est bien lui par exemple, oh ! oui, oh oui. C'est ça qui m'amuserait de savoir que Forestier était cocu. Hein ! Quelle bonne binette de jobard ? (...) Il avait mis ses lèvres tout près de l'oreille de sa femme. Voyons... Voyons... avoue-le... ? Elle s'écarta d'un mouvement sec et déclara brusquement : – Mais tu es stupide. Est-ce qu'on répond à des questions pareilles ? » Qu'elle ne veuille ainsi pas avouer sur un ton qu'il trouve « si singulier » fait « courir un frisson de froid dans ses veines » : est-ce justement un aveu ? Et il a alors envie de l'étrangler, de lui arracher les cheveux ; sa haine jalouse pour Charles se retourne d'un coup tout entière contre Madeleine : « Puisqu'elle avait trompé l'autre, comment pourrait-il avoir confiance en elle, lui ? Puis, peu à peu, une espèce de calme se fit en son esprit, et se roidissant contre sa souffrance, il pensa : *toutes les femmes sont des filles, il faut s'en servir et ne leur rien donner de soi.* L'amertume de son cœur lui montait aux lèvres en paroles de mépris et de dégoût. (...) Il songeait : Je serais bien bête de me faire de la bile. Chacun pour soi. La victoire est aux audacieux. Tout n'est que de l'égoïsme. L'égoïsme pour l'ambition et la fortune vaut mieux que l'égoïsme pour la femme et pour l'amour. » Étreint par cette rage contre Madeleine, il a alors brusquement le sentiment très agréable de redevenir ami avec Charles...

Mais de tout cela il ne laisse rien paraître à Madeleine, et pour qu'elle ne devine rien, « il l'embrassa », lui fait plaisir en faisant ce qu'elle lui demande : aller prendre une glace. Mais dès ce moment-là, tout est fini pour lui avec elle ; il ne s'agit plus désormais que de trouver l'occasion de s'en débarrasser.

L'intérêt de ce passage réside dans cette analyse tellement juste du comment on peut, par tout un jeu de projections, non seulement se justifier soi-même, mais encore renforcer des sentiments autrement inavouables. Au fond, ce qu'il énonce comme conséquence de la félonie de Madeleine, « toutes les femmes sont des filles, il faut s'en servir et ne rien leur donner de soi », c'est sa philosophie de départ qu'il ne peut s'avouer aussi crûment au risque de se mépriser lui-même. Mais cette philosophie, il va la mettre effectivement d'emblée en œuvre, et, s'il épouse Madeleine, c'est d'abord et avant tout par intérêt et ambition : elle sait écrire et elle s'est créé tout un réseau de relations utiles : elle peut donc lui servir pour faire sa carrière de journaliste. Mais, ayant pris la place de son ami, celui-ci vient l'accuser en miroir de prendre la sienne et ne lui laisse plus aucun répit. Dit vulgairement, le spectre de Charles lui « prend la tête », d'autant que, s'il l'oublie un instant, ses collègues se chargent de lui rappeler fort à propos son imposture. Afin de restaurer sa propre image, il fait porter à Charles tous ses mauvais aspects : c'est lui, un sot et un incapable, qui a épousé Madeleine par intérêt et, juste retour des choses, elle l'a, bien entendu, fait cocu... Mais alors, comment avoir confiance en elle ? « Tout n'est que de l'égoïsme », l'amour comme le désir de faire fortune... le voici justifié et conforté dans son désir de rayer Madeleine de sa vie pour viser plus haut.

L'IRRÉSISTIBLE ASCENSION SOCIALE DE GEORGES DU ROY GRÂCE À LA SÉDUCTION DE MADAME WALTER, PUIS DE SA FILLE SUZANNE

Madeleine, amusée parce que, dit-elle, « elle est inattaquable sous tous les rapports », affirme à son mari qu'il a inspiré une telle passion à Mme Walter qu'elle souhaiterait trouver un époux comme lui pour une de ses filles ! Ainsi, nous retrouvons là un point commun avec le personnage de Swann : toutes les conquêtes, tous les désirs de Georges Du Roy sont pour lui aussi orientés, dictés de l'extérieur ; et Georges de songer : « Si c'était vrai pourtant que j'eusse pu épouser Suzanne ?... » Puis il hausse les épaules : « Bah... C'est fou !... Est-ce que le père n'aurait jamais accepté ? »

Alors simplement il se dit qu'il va faire davantage attention aux « manières de Mme Walter à son égard ». Mais, la revoyant, c'est lui qui fait davantage attention à elle et il se surprend à la trouver belle, jeune et désirable... D'ailleurs, cela le flatte et l'amuse ; « Et puis... pourquoi pas... si c'était possible. » Comme Madeleine a prévu un dîner, il se dit qu'il va la devancer pour, la voyant seule, vérifier « si vraiment elle en tenait pour lui ».

Il se rend chez elle ; il la prend par la taille et lui assure qu'il ne pense plus qu'à elle... qu'il l'aime follement, mais, comme elle se dégage, il juge ridicule la poursuite ; alors il se laisse tomber sur une chaise, feignant des sanglots convulsifs puis s'enfuit en criant : adieu, adieu ! Content de l'effet produit, il revient chez lui et demande à sa femme si tout le monde a accepté l'invitation : il apprend alors que seule Mme Walter hésite... Pourtant, elle viendra, sans son mari, voulant toutefois rentrer de bonne heure. « Je vous accompagnerai », dit-il...

Dans la voiture qui la raccompagne chez elle, il joue alors le grand jeu de la passion, lui disant qu'il ne peut plus vivre sans elle, essayant de la décider à lui donner un rendez-vous. « Eh bien, j'entrerai à la Trinité, demain à trois heures et demie. »

Le lendemain, ils se retrouvent dans cette église de la Trinité, et là elle lui avoue, honteuse et déchirée, qu'elle l'aime... « Elle se sentait prise comme une bête dans un filet, liée, jetée entre les bras de ce mâle qui l'avait vaincue, conquise (...). Elle comprit que la lutte était inutile... » Prise de convulsions nerveuses, elle aperçoit à ce moment-là un prêtre qui s'approche. Elle le supplie de recevoir sa confession et de la conseiller dans cet immense désarroi où elle se trouve. Et Georges Du Roy sort de l'église, persuadé que son tour viendra, après celui du curé...

Effectivement, son tour vient très vite ; le lendemain, il reçoit une dépêche sans signature : « J'avais perdu la tête. Pardonnez-moi et venez demain, quatre heures, au parc Monceau. » Il l'y retrouve et la conduit dans le petit appartement rue de Constantinople que Mme de Marelle payait elle-même pour y voir son amant ; dans la voiture, elle le supplie de la respecter – ce qu'il jure bien sûr de faire...

Mme Walter, pour qui cette aventure est la première qu'elle connaisse, va vivre alors un amour éperdu, effréné. Georges, lui, est tout de suite rassasié de « cette femme mûre et dramatique » qui cherche à le voir tous les jours, le surnommant « mon rat » « mon bijou » et l'importune en l'appelant à tout moment par des télégrammes ; il cherche très vite à s'en débarrasser, d'autant qu'il redoute une rencontre avec Mme de Marelle.

Dans un premier temps, pour éviter les rendez-vous dans son appartement de garçon, il vient chez elle déjeuner ou dîner. Et là, il s'amuse surtout avec Suzanne dont il apprécie l'à-propos mordant avec lequel elle se moque de tout et de tout le monde. Mais très vite, « dégoûté de l'amour de la mère, il en arrive à une insurmontable répugnance », et elle comprend qu'il ne l'aime plus ; pourtant, elle s'acharne, l'épie, le suit... Enfin, au bout de quelque temps, alors qu'il se croit enfin délivré de son amour, il reçoit un nouveau télégramme l'appelant, pour des choses graves, à le rencontrer rue de Constantinople.

Après avoir essayé en vain de le reséduire et de l'émouvoir, elle lui donne les graves raisons qui l'ont amenée à lui donner ce rendez-vous : elle a surpris une conversation secrète de Laroche avec son mari concernant le rachat de tout l'emprunt du Maroc à un prix dérisoire ; une expédition à Tanger était prévue de longue date par le ministre des Affaires étrangères, et, dès son exécution, qui est toute proche, l'État français garantirait la dette – ce qui va faire gagner une fortune aux porteurs de l'emprunt. « Tu peux encore acheter de l'emprunt. Il n'est qu'à 72 francs. » Et comme il n'a pas d'argent, elle va lui en prêter pour vingt mille francs. Elle s'est assise entre ses jambes et elle s'aperçoit qu'un de ses cheveux s'est pris dans un bouton du gilet de Georges. Alors une idée folle lui vient à l'esprit : elle se met à enrouler tout doucement un cheveu autour de chaque bouton, « un talisman qu'elle laissait sur lui ; sans le vouloir, il penserait à elle, il rêverait d'elle, il l'aimerait un peu plus le lendemain ». Idée folle qui va provoquer une deuxième rupture entre Mme de Marelle et Georges.

S'intercale un long passage concernant la mort de cet ami de Madeleine, le comte de Vaudrec – était-ce son père putatif ? son amant ? En tout cas, il la fait son héritière pour un million de francs ; Georges va jouer sur le registre de l'honneur bafoué (si elle acceptait la totalité de cet héritage, elle avouerait sa liaison coupable avec lui) pour exiger, par donation entre vifs, la moitié de l'héritage : « De cette façon, on fermerait la bouche à la malignité publique. »

La conquête du Maroc a eu lieu : Laroche a gagné une fortune ; quant à Walter, en quelques jours, « il est devenu un des maîtres du monde (...) qui font courber les têtes (...) et sortir tout ce qu'il y a de bassesse, de lâcheté et d'envie au fond du cœur humain ». Il n'est plus « le juif Walter. Il était Monsieur Walter, le riche israélite. Il le voulut montrer ». Il achète un des plus beaux hôtels de la rue du Faubourg Saint-Honoré avec jardin sur les Champs-Élysées, et, non content de cet achat, il en fait un autre : une toile de Karl Marcowitch représentant le Christ marchant sur les flots a été déclarée le chef-d'œuvre du siècle ; il l'acquiert pour cinq cent mille francs, puis il fait annoncer par les journaux qu'il invitera tous les gens connus dans la société parisienne à le contempler chez lui un soir.

Cependant, « Du Roy rageait du triomphe du patron. Il s'était cru riche avec les cinq cent mille francs extorqués à sa femme, et maintenant il se jugeait pauvre, affreusement pauvre en comparant sa piètre fortune à la pluie de millions tombée autour de lui, sans qu'il eût su en rien ramasser ». Qui plus est, Laroche règne maintenant en maître dans la maison Du Roy, et Georges « le tolérait en frémissant, comme un chien qui veut mordre et n'ose pas ».

D'abord il prétend qu'il ne mettra plus les pieds chez son sale juif de patron et donc qu'il ne se rendra pas à sa fête ; il ne répond pas non plus aux lettres de Mme Walter qui souhaite lui remettre les soixante-dix mille francs qu'elle avait gagnés pour lui. Il veut « la traiter par le mépris, la fouler aux pieds. Elle était trop riche ! ». Puis il se décide brusquement à « subir cette corvée ». Arrivé à la cour d'honneur de l'hôtel dans laquelle un homme en livrée se tient sur chaque marche du perron, il a le « cœur crispé de jalousie et il murmura : en voilà de l'épate. (...) et il se perdit au milieu du public pour écouter les choses malveillantes qu'on devait dire assurément ».

Quelqu'un tout à coup le saisit par le bras, et une voix lui murmure dans l'oreille : « Ah vous voilà enfin, méchant Bel-Ami. Pourquoi ne vous voit-on plus ? » C'est Suzanne ; il lui a pris le bras, et « on se retournait pour regarder ce beau garçon et cette ravissante poupée ». Et Georges de se lamenter d'avoir épousé Madeleine, se reprochant cette folie d'avoir agi trop vite. « Et l'envie, l'envie amère, lui tombait dans l'âme goutte à goutte, comme un fiel qui corrompait toutes ses joies, rendait odieuse son existence. » Ils arrivent dans un jardin d'hiver plein de grands arbres des pays chauds où poussent des massifs de fleurs rares. Et Georges se dit : « Voilà, voilà le luxe. Voilà les maisons où il faut vivre ; d'autres y sont parvenus. Pourquoi n'y arriverais-je point ? Il songeait aux moyens, n'en trouvait pas sur-le-champ, et s'irritait de son impuissance. (...) Il suffisait pourtant d'épouser cette petite marionnette de chair. »

Ils retraversent ensemble tous les salons et tout à coup il entend chuchoter : « C'est Laroche et Mme Du Roy » et il voit en effet sa femme au bras du ministre ; il sent alors en lui comme une envie de les assommer à coups de poing. Les gens ne se disent-ils pas « ce cocu de Du Roy » ? « Jamais il n'irait loin avec cette femme qui faisait sa maison toujours suspecte, qui se compromettait toujours, dont l'allure dénonçait l'intrigante. Elle serait maintenant un boulet à son pied. Ah ! S'il avait deviné, s'il avait su ! Comme il aurait joué un jeu plus large, plus fort ! Quelle belle partie il aurait pu gagner avec la petite Suzanne pour enjeu. »

C'est alors que Mme Walter l'aborde, lui demandant de l'attendre dix minutes plus tard dans une tonnelle au fond du jardin. Elle lui redit sa passion et son désespoir de ne plus le voir : « Pourquoi refuses-tu de dîner, rien qu'un jour par semaine, avec moi ? » Peu à peu, l'écoutant, le projet vague d'y rencontrer Suzanne prend forme dans son esprit, et, lui ayant redit que l'amour n'était pas éternel, il lui demande de le traiter ainsi qu'un ami et qu'alors il reviendra comme autrefois. « Te sens-tu capable de ça ? – Je suis capable de tout pour te voir. » Elle lui remet alors le paquet de l'argent gagné pour lui.

Repassant dans les salons, il trouve Suzanne ; Du Roy prend familièrement le coude de la jeune fille et de sa voix caressante il lui dit : « Écoutez, ma chère petite, me croyez-vous bien votre ami ? – Mais oui, Bel-Ami. – Vous avez confiance en moi ? – Tout à fait. – Vous vous rappelez ce que je vous disais tantôt ? – À propos de quoi ? – À propos de votre mariage, ou plutôt de l'homme que vous épouserez. – Oui. – Eh bien ! Voulez-vous me promettre une chose ? – Oui, mais quoi ? – C'est de me consulter toutes les fois qu'on demandera votre main, et de n'accepter personne sans avoir pris mon avis. – Oui, je veux bien. – Et c'est un secret entre nous deux. Pas un mot de ça à votre père ni à votre mère. – Pas un mot. – C'est juré ? – C'est juré. »

Durant le reste de l'hiver, Georges dîne très souvent chez les Walter, parfois avec Madeleine, mais la plupart du temps seul, Madeleine préférant rester chez elle. Il a même son jour, le vendredi, pour lui tout seul. Un jour voici qu'on reparle du mariage des deux sœurs : Suzanne doit épouser le marquis de Cazolles. Georges voulant en parler seul avec Suzanne propose d'aller donner à manger aux poissons ; il lui reproche alors de lui faire des cachotteries à propos de ce grand fat de marquis de Cazolles « stupide, ruiné par le jeu et usé par la noce ». Étonnée, elle défend le marquis et demande à Georges ce qui lui prend : « J'ai, j'ai... J'ai que je suis jaloux de lui. » Alors Suzanne lui avoue combien elle trouve dommage qu'il soit marié. « Si j'étais libre, moi, m'épouseriez-vous ? » Elle répond avec un accent sincère : « Oui, Bel-Ami, je vous épouserais, car vous me plaisez beaucoup plus que tous les autres. » Il se lève, et balbutiant : « Merci... merci... je vous en supplie, ne dites "oui" à personne ! Attendez encore un peu. Je vous en supplie ! Me le promettez-vous ? – Je vous le promets. »

L'heure est enfin venue de prendre sa vengeance à la fois sur Madeleine, à la fois sur ce ministre qui le traite de haut. Depuis longtemps déjà, Georges la suit et connaît tous ses secrets... Avec un officier de police et trois agents, il se rend dans un logement loué rue des Martyrs pour prendre sa femme et son amant en flagrant délit d'adultère et en faire le constat légal.

Cela étant fait, il se rend aux bureaux de M. Walter pour lui annoncer qu'il demande immédiatement le divorce et qu'il va faire un écho dans le journal sur le ministre des Affaires étrangères... Et Du Roy de rire et d'ajouter : « C'est ce pauvre Forestier qui était cocu... cocu sans s'en douter, confiant et tranquille. Me voici débarrassé de la teigne qu'il m'avait laissée. J'ai les mains déliées. Maintenant j'irai loin. » Et Walter de penser à part lui : Oui, il ira loin, le gredin.

Trois mois plus tard le divorce est prononcé. Comme les Walter doivent passer l'été à Trouville, une journée à la campagne est organisée avant ce départ. Après le repas, on se promène, et Georges et Suzanne restent en arrière. Georges s'empresse de lui dire combien il l'aime à en perdre la tête et Suzanne de lui dire qu'il faut demander sa main à son père. Cependant, cette solution, lui répond-il, ruinerait tous leurs projets : il la perdrait définitivement et en outre il y perdrait son travail. « Que faut-il faire alors ?, demande-t-elle. – Une folie : vous allez trouver votre mère et lui dire que vous voulez m'épouser ; vous ferez de même avec votre père. » « Et puis c'est là que ça devient grave. Si vous êtes résolue, bien résolue à être ma femme, ma chère, chère petite Suzanne... je vous... je vous enlèverai. »

Ils rejoignent les autres, et on revient vers Chatou. Et Georges songe : « Donc si cette petite fille avait un peu d'audace, il allait réussir, enfin ! Depuis trois mois il l'enveloppait dans l'irrésistible filet de sa tendresse. Il la séduisait, la captivait, la conquérait. Il s'était fait aimer par elle, comme il savait se faire aimer. Il avait cueilli sans peine son âme légère de poupée. »

Et Suzanne effectivement de le rejoindre à minuit passé dans un fiacre où il l'attend. Bien sûr, les explications ont été affreuses, surtout avec sa mère, mais elle est là ; « Il avait enlacé sa taille doucement ; et il écoutait de toutes ses oreilles, le cœur battant, une rancune haineuse s'éveillant en lui contre ces gens. *Mais il la tenait, leur fille. Ils verraient à présent.* »

Puis c'est la cérémonie du mariage dans l'église de la Madeleine avec toute la pompe imaginable. Un évêque fait le sermon, parlant de Georges comme de quelqu'un dont le talent l'élève au-dessus des autres... « Du Roy l'écoutait ivre d'orgueil. Un prélat de l'Église romaine lui parlait ainsi, à lui. Et il sentait derrière son dos une foule, une foule illustre venue pour lui. Il lui semblait qu'une force le poussait, le soulevait. Il devenait un des maîtres de la terre, lui, le fils des deux pauvres paysans de Canteleu. » Puis c'est la joie de voir tous ces gens venir le féliciter : « Il se croyait un roi qu'un peuple venait acclamer. » Georges reprend le bras de Suzanne pour retraverser l'église pleine de monde. Cependant, « il ne voyait personne. Il ne pensait qu'à lui. Lorsqu'il parvint sur le seuil, il aperçut la foule amassée (...) venue là pour lui, pour lui, Georges Duroy. Le peuple de Paris le contemplait et l'enviait ».

Ainsi il s'est habilement servi des femmes pour triompher de tous, car comme l'a suggéré son ami Forestier, c'est par elles qu'on arrive le plus vite. Et quelle vengeance sur son enfance humiliée est la sienne ! De cette envie amère, source de tant de souffrances, il a fait le moteur de sa réussite ; et qui plus est, il peut à ce moment de son triomphe oublier sa propre rage impuissante devant le bonheur des autres : ce sont eux, les autres, qui à juste titre l'envient, tous les autres. « Ils verraient à présent ! » Mais jusqu'à quand ?

Quand un enfant est le jouet innocent de la « séduction » de deux adultes. « Brûlant Secret » *de Zweig*

Trois personnages sont les héros de cette nouvelle. Tous les trois se retrouvent pour quelques jours dans un hôtel d'une station des Alpes autrichiennes. Edgar, douze ans, un enfant maladif et nerveux, y est en convalescence avec sa mère, une femme d'âge mûr cachant son tempérament passionné derrière une mélancolie distinguée. Arrive dans ce même hôtel un baron en perpétuelle « chasse amoureuse » à la recherche d'une aventure par « incapacité à supporter la solitude, à rester seul en face de lui-même ».

COMMENT EDGAR EST UTILISÉ PAR LE BARON POUR ATTEINDRE SA MÈRE

Le baron, en vacances pour une petite semaine, était venu dans cet hôtel, persuadé d'y trouver quelques femmes lui permettant de ne pas passer le temps trop tristement. Zweig nous le décrit comme faisant partie de ce qu'il appelle des « chasseurs de femmes » dont toute l'attitude est faite « des instincts passionnés de la chasse, de flair, d'excitation et de cruauté mentale. (...) Ils sont toujours chargés de passion, non pas de la passion estimable de l'amant, mais de celle du joueur, froide, calculatrice et périlleuse ». Toute leur existence « se passe dans l'attente de l'éternelle aventure (...) et l'événement sensuel leur est la source éternellement jaillissante, nourricière et brûlante de la vie ».

Ayant parcouru la liste des hôtes, il se trouva fort dépité : aucune femme seule ne s'y trouvait. Il se rendit dans la salle à manger pour le repas, de fort méchante humeur, quand tout à coup il entendit le frou-frou d'une robe et vit passer devant lui une femme avec un petit garçon pâle. Le type de cette femme juive, bien en chair, lui plaisait beaucoup. Cependant, de tout le repas elle sembla indifférente au regard du baron dont elle ne paraissait pas remarquer la présence. Seule peut-être la nature étudiée de la conversation qu'elle avait avec l'enfant avait quelque chose de prometteur. Il ralentit son repas pour pouvoir la regarder plus longtemps, puis pressentant qu'ils allaient quitter la table d'un moment à l'autre, lui-même les précéda ; brusquement, comme s'il avait oublié quelque chose, il se retourna et vit qu'elle le regardait. Cela l'excita et il attendit dans le hall ; comme elle feuilletait des revues, il s'approcha. Mais elle dit alors très vite : « Viens, Edgar, au lit » et passa froidement. « Somme toute il y avait du charme dans cette résistance (...) la partie pouvait s'engager. »

Le lendemain, en arrivant dans le hall, le baron vit le petit Edgar seul et « il se demanda si cet enfant qui, à coup sûr, n'était rendu si timide que par la crainte, ne pourrait pas être un rapide intermédiaire entre lui et l'inconnue. Toujours est-il qu'il allait essayer ». Et il engagea avec lui la conversation, lui demandant à quoi il passait le temps dans cet endroit assez morne pour un petit homme comme lui. Edgar ne savait que répondre, partagé entre le bonheur et la honte. Heureusement, un saint-bernard vint près d'eux et se laissa caresser. Le baron lui demanda alors s'il aimait les chiens, et sur sa réponse affirmative lui proposa de lui en donner un, brun avec des oreilles blanches, qui s'appelait Caro. Puis le baron invita l'enfant à faire avec lui un brin de promenade ; l'enfant se laissa arracher tous les petits secrets de famille car « très fier de voir que ce qu'il racontait était capable d'intéresser un adulte, il ne cachait rien à son nouvel ami ».

« Au bout d'une demi-heure, il était maître de ce cœur brûlant et agité. (...) Toute la passion enthousiaste d'Edgar appartenait à présent à son nouveau, à son grand ami, et son cœur se dilata de fierté lorsque celui-ci, au moment du départ, l'invita à revenir le lendemain matin. (...) Il est si facile d'abuser un enfant. »

Le plan semblait excellent, et il n'y avait plus qu'à attendre... Le baron « pouvait maintenant rêver tranquillement et contempler le paysage, car il savait que d'ardentes mains d'enfant étaient en train de construire le pont qui le conduirait vers le cœur de la dame ».

Et en effet, lorsque avec un peu de retard le baron pénétra dans la salle à manger, il constata combien ardemment le petit garçon attirait l'attention de sa mère sur lui – ce qui permit au baron, malgré la réserve de la mère, de faire des compliments sur l'intelligence de l'enfant et de dire combien il avait passé une matinée charmante avec lui, puis de se présenter ; il crut d'ailleurs remarquer « que son nom sonore faisait une certaine impression, qu'il la flattait ». Elle prit toutefois congé de bonne heure, prétextant de la santé de l'enfant.

Edgar, cette nuit-là, dormit mal. À la fois, il ressentait pour le baron un amour qui dépassait tout ce qu'il n'avait jamais ressenti ; mais, en même temps, il se tourmentait, se demandant ce que lui, si petit, si insignifiant, pouvait être pour le baron et ce qu'il pourrait lui donner en échange de tant de bonté... Il se réveilla tôt et l'attendit dans le hall ; enfin, à neuf heures et demie, le baron arriva ; il avait oublié sa promesse, mais, devant tant de passion, il accepta de prendre le gamin par le bras et de marcher avec lui, sans toutefois vouloir quitter l'hôtel où il semblait attendre quelque chose. Enfin, la maman d'Edgar arriva, et il fut question de la promenade promise à Edgar, à laquelle cette dernière fut conviée.

Si Edgar ressentit d'abord de la jalousie envers sa mère, la façon dont elle-même et le baron en firent leur sujet unique de conversation le réconforta et lui rendit son sentiment de bonheur. Au repas de midi qui suivit, le baron vint tout naturellement se joindre à la table de ses deux nouveaux amis.

Cette situation familiale déplaisait au baron, car il ne s'agissait précisément pas de causer et il ne fallait pas que cette femme se méprenne sur ses intentions ; « Il voulait se faire désirer, alors qu'en réalité c'était lui qui désirait. Il se promit d'outrer un certain orgueil, d'accuser fortement la différence de leurs positions sociales ; la pensée l'excitait d'arriver à conquérir ce beau corps plein et épanoui, rien que par l'affirmation de son orgueil, par la sonorité de son nom aristocratique et la froideur de ses manières. » Il décida donc de rester dans sa chambre tout l'après-midi pour qu'on l'attendît. C'est d'ailleurs Edgar qui en fut le plus affecté et le soir il se précipita sur lui pour lui dire, à la grande désapprobation de sa mère, qu'ils l'avaient cherché partout... Le dîner fut très animé, et le baron se surpassa en récits exotiques : il raconta des chasses aux tigres en Inde, puis au moment où le baron commençait à raconter comment on capturait les éléphants, la mère d'Edgar subitement dit : « Neuf heures, au lit ! » Il fallut donc partir à ce moment palpitant, mais la mère lui promit de lui raconter la suite de l'histoire.

Edgar parti, il ne fut plus question de chasse. « Là, le baron fut de plus en plus étincelant ; elle-même, le champagne aidant, était un peu animée ; la conversation prit donc vite un caractère dangereux », tant et si bien qu'ils ne virent pas le temps passer et qu'« ils eurent un sursaut de frayeur lorsque à minuit les lumières du hall s'éteignirent en partie ». Elle se leva, pleine d'agitation, « elle était en proie à la crainte terriblement brûlante que l'homme qui était derrière elle ne la suivît, ne l'empoignât dans ses bras, mais en même temps, au moment même où elle lui échappait, elle éprouvait déjà un regret qu'il ne le fît pas ».

Edgar s'était endormi dans la chambre de sa mère : il avait voulu veiller pour avoir sans tarder la suite du récit des éléphants à l'arrivée de cette dernière...

TOUT À COUP EDGAR EST INDÉSIRABLE

Le matin suivant, Edgar était tôt dans le hall à guetter son grand ami. Quand le baron l'aperçut, il fut très ennuyé ; comment maintenant se débarrasser de cet ami trop assidu ? Il le pria de se rendre à l'hôtel voisin pour demander si son cousin était arrivé. À son retour, il ne trouva plus le baron et il apprit à sa grande stupéfaction qu'il était sorti avec sa mère ; dans un premier temps, il pensa qu'il avait mal compris la commission. Mais, à leur retour, il remarqua qu'on ne faisait pas attention à lui, et le baron semblait l'avoir oublié. Pendant le déjeuner, sa mère proposa une promenade en voiture, et sa haine rageuse fut à son comble, quand au bout d'un moment sa mère lui demanda de rester à la maison afin de repasser ses leçons. Ordre qui, confirmé par le baron, fit flamber la colère chez Edgar. Que se passait-il donc ? Un premier soupçon naissait chez l'enfant.

Finalement, ils sortirent tous les trois pour une excursion gâchée. Le soir, Edgar fut étonné de ne pas être, comme à l'accoutumée, envoyé au lit à neuf heures. Soudain, à dix heures, sa mère se leva et prit congé du baron. Mais, au moment de partir, il surprit chez sa mère « un regard souriant qui, passant par-dessus sa tête, s'adressait un baron, un regard de complicité, relative à quelque secret. Le baron l'avait donc trahi. C'était pour cela que l'on se quittait tôt : on voulait aujourd'hui l'endormir dans un sentiment de sécurité pour que le lendemain il ne les gênât plus ». Sûr qu'il les gênait, il ressentit en lui à la fois de l'hostilité, mais aussi une volupté particulière à leur imposer sa présence.

Le lendemain, comme il récusait l'idée d'aller jouer au tennis de son côté, sa mère lui dit d'attendre dans le hall. Mais cette fois sa méfiance veillait : au lieu de cela, il se cacha dans la rue ; effectivement, une demi-heure plus tard, il vit sa mère sortir par une porte latérale avec un magnifique bouquet de roses, suivie par le baron. Quelle ne fut pas leur surprise décontenancée de voir surgir Edgar et d'avoir à le supporter à nouveau pour une promenade ! Edgar savourait sa victoire de les voir tour à tour s'empêtrer dans des mensonges. « Autrefois peut-être il aurait fait le méchant, pour les mettre en colère, mais on apprend beaucoup et vite, quand on a de la haine. Maintenant il se contentait de se taire (...) jusqu'au moment où sa mère commença à crier sous l'oppression de son silence. »

Le temps pressait pourtant et ne restait que la fuite pour échapper quelques heures à sa tyrannie. Comme l'avait fait auparavant le baron demandant à Edgar d'aller à un hôtel s'enquérir sur l'arrivée d'un cousin, la mère utilisa l'expédient de lettres recommandées à poster. Après lui avoir fait promettre qu'elle l'attendrait, il y alla donc et revint juste pour voir un fiacre détaler dans lequel se trouvaient sa mère et le baron. Depuis la veille, il savait que sa mère mentait, mais qu'elle violât ainsi une promesse lui fit perdre toute confiance en elle. « La vie devenait pour lui incompréhensible, maintenant qu'il voyait que les paroles derrière lesquelles il avait supposé qu'était la réalité n'avaient pas plus de valeur que des bulles de savon multicolores qui éclatent au moindre souffle. (...) En cette heure de rage désespérée, il perdit en pleurant tout ce qu'il y avait en lui de confiance, d'amour, de foi et de respect – toute son enfance. »

Le temps passant, il se calma et attendit les fuyards ; dès leur arrivée, il alla droit sur le baron et, tout fort, pour que tout le monde entende, l'accusa d'avoir menti ; sa mère alors intervint pour l'envoyer dans sa chambre, et, comme ensuite il ne voulait pas faire d'excuses, il y fut consigné jusqu'au lendemain. Un garçon vint donc lui apporter son dîner, et il remarqua qu'en partant celui-ci fermait la porte à clé ; mais, se penchant par la fenêtre, il s'aperçut qu'elle n'était en réalité pas bien haute et en un clin d'œil il fut dehors. Il chercha alors à les retrouver, glissant de fenêtre en fenêtre ; tout à coup, il les vit apparaître sur le seuil de la porte. Où allaient-ils ainsi seuls dans la nuit ? Et Edgar de les suivre en se glissant d'un arbre à l'autre ; son obsession était, comme il l'avait lu dans les livres racontant des crimes ténébreux, que le baron veuille tuer sa mère ; ne devait-il pas appeler au secours ? Dans son émotion, alors, il fit craquer une branche. Les deux silhouettes se retournèrent effrayées, et il entendit sa mère demander à rentrer. Il fallait faire vite pour être dans la chambre avant leur retour.

Enfin, il les vit arriver et il décida de se cacher derrière un rideau dans le couloir car il était décidé « à ne pas les laisser seuls, ne fût-ce qu'un instant ».

Il les entendit monter et chuchoter : « Ne soyez pas cruelle, vous étiez si belle ce soir », et l'autre voix répondait : « Non, je ne dois pas, je ne peux pas, laissez-moi. » Edgar était effrayé par ce qu'il percevait d'angoisse dans la voix de sa mère, puis, comme il ne l'entendait plus parler, il se demanda s'il ne lui avait pas serré la gorge ? Il regarda alors et vit que l'homme cherchait à entraîner sa mère dans sa chambre ; il bondit et tapa de toutes ses forces sur son adversaire qui lui-même le frappa durement ; voyant qu'il allait perdre la partie, Edgar mordit sauvagement la main qui avait voulu l'attraper par la nuque et se sauva dans sa chambre.

Le lendemain matin, quand il se réveilla, il ne savait plus s'il avait fait ou non un mauvais rêve. Il retrouva sa mère dans la salle à manger qui ne répondit pas à son bonjour et qui seulement à la fin du petit déjeuner lui adressa la parole pour le prier de monter dans sa chambre car elle avait à lui parler. Elle lui signifia qu'elle ne voulait plus s'occuper de lui et qu'elle avait écrit à son père pour qu'il soit mis en pension ; en outre, elle exigeait qu'il écrive tout de suite une lettre au baron pour s'excuser. Elle-même la lui dicterait. Après, donc, des excuses sur sa conduite, elle lui fit ajouter : « Je suis à peine remis d'une grave maladie et je suis encore très irritable. C'est pourquoi je vois souvent les choses sous un jour exagéré, que l'instant d'après je regrette. » Edgar alors se révolta, lui rappelant ce qui s'était passé. « Tu mens, je n'ai jamais été avec le baron dans l'escalier (...) Le cœur d'Edgar s'arrêta – Tu... tu n'étais pas... dans le couloir ? Et lui... il ne t'a pas prise par le bras ? Il ne t'a pas empoignée avec violence ? Elle fit entendre un rire froid et sec – Tu as rêvé. Edgar devenait enragé – Et ces rayures sanglantes, je les ai aussi rêvées ? – Qui sait avec qui tu t'es battu. Mais je n'ai pas à discuter avec toi, tu dois obéir, un point c'est tout. Assieds-toi et écris. » Edgar refusa, et sa mère explosa, menaçant de le rosser. Edgar fit un pas vers sa mère en riant, et une gifle s'abattit sur lui ; il se mit alors à frapper avec ses poings ; il entendit un cri : il prit soudain conscience qu'il était en train de battre sa mère et, de honte et d'effroi, « il se mit à courir, à courir comme si une meute furieuse le poursuivait ». Mais où aller ? Où se réfugier ?

LE PRIX À PAYER POUR RETROUVER SA MÈRE ET « SON AMOUR »

Il se rappela sa grand-mère qui avait toujours été bonne pour lui et il décida d'aller la rejoindre. Heureusement, il avait sur lui son petit porte-monnaie avec une pièce en or toute neuve donnée pour son anniversaire. Il alla donc à la gare et prit un billet pour Baden.

Arrivé là-bas, il faisait nuit, et il eut peur. Il se dépêcha de suivre le chemin qu'il connaissait et il arriva vite à la maison de sa grand-mère ; pourtant, au moment d'entrer, cela lui parut impossible ; qu'allait-il dire ? Comment expliquer sa présence à Baden ? Et surtout comment expliquer qu'il avait pu battre sa mère ? Il se sauva à nouveau et trouva refuge dans le parc de l'établissement thermal.

Là, il vit des couples enlacés et lui se sentit seul dans ces ténèbres, avec une folle envie d'être embrassé et de se trouver avec des gens qu'il aimait.

Il revint donc vers la maison ; les fenêtres étaient maintenant éclairées, et cela lui fit du bien. Tout à coup une voix cria à côté de lui : « Edgar ! Il est ici ! » C'était la bonne de sa grand-mère ; puis ce fut le chien qui se précipita sur lui, sa grand-mère, puis (il croyait rêver) sa mère... Il ne savait plus si ce qu'il éprouvait « était de la crainte ou du bonheur ».

Voilà ce qui s'était passé : sa mère, inquiète, l'avait fait chercher, et on avait vite découvert qu'il avait pris un billet pour Baden, et sa mère, ayant d'abord prévenu son mari, était aussitôt partie là-bas.

La table était mise, et on lui apporta à dîner. Soudain on entendit une voiture s'arrêter devant la maison : c'était son père. Ce dernier était sévère, et c'était la seule personne qu'il craignît réellement. Il entendit parler dans le vestibule ; manifestement, son père était en colère, et sa grand-mère comme sa mère essayaient de le calmer. Puis son père entra, nerveux, demandant des comptes à Edgar sur la raison de sa fugue. Comment expliquer ce qui s'était passé. « Alors tu as perdu la langue ? (...) Il faut bien qu'il y ait eu un motif pour que tu t'échappes ainsi. Quelqu'un t'a-t-il fait du mal ? (...) Déjà il allait accuser. À ce moment il aperçut que sa mère faisait, derrière le dos de son père, un mouvement singulier (...). Il lisait une supplication dans ses yeux, tandis que furtivement elle portait un doigt sur la bouche, pour lui faire signe de se taire. »

« Alors l'enfant sentit soudain quelque chose de chaud, un bonheur sauvage et extraordinaire se répandre à travers tout son corps. Il comprit qu'elle lui donnait son secret à garder et que ses petites lèvres d'enfant étaient dépositaires de toute une destinée. Une fierté farouche et exultante s'empara de lui, en voyant qu'elle mettait en lui sa confiance ; il fut pris d'un besoin de sacrifice ; il voulait exagérer sa propre faute pour montrer combien on pouvait se fier à lui et combien il était déjà un homme. Il concentra toutes ses forces :

« Non, non... Il n'y avait pas de motif, Maman a été très bonne pour moi, mais je n'ai pas été sage, je me suis mal conduit et alors... alors je me suis enfui, parce que j'avais peur. »

Non seulement le mensonge et le déni de réalité permettaient ainsi à Edgar de retrouver l'amour de sa mère, mais, de plus, lui donnaient la joie d'être l'artisan d'une paix conjugale autrement mise en péril. Mais, de fait, face aux trahisons de sa mère, y avait-il d'autres issues que la complicité, hors sa propre exclusion et le drame conjugal ? S'amputer soi-même de ses propres capacités de jugement et de discernement devenait la preuve « sacrificielle » de l'amour d'Edgar pour sa mère – *amour d'autant plus enivrant qu'il lui donnait prise sur elle* ; désormais, la réalité affective d'Edgar serait colorée par cette expérience d'un plaisir « sauvage et extraordinaire » à partager le secret d'un mensonge avec une femme, contre son mari... femme d'ailleurs en qui on a perdu toute confiance, mais sur qui, de ce fait, il est d'autant plus important de prendre barre...

CHAPITRE 5

La violence occulte de personnages envieux qui en font agir d'autres

« Voulez-vous demander à ce demi-démon pourquoi il m'a ainsi englué corps et âme. »

SHAKESPEARE, *Othello*.

« Lisbeth pensait, madame Marneffe agissait. Madame Marneffe était la hache, Lisbeth était la main qui la manie, et la main démolissait à coups pressés cette famille qui, de jour en jour, lui devenait plus odieuse, car on hait de plus en plus, comme on aime tous les jours davantage quand on aime. L'amour et la haine sont des sentiments qui s'alimentent par eux-mêmes ; mais des deux, la haine a la vie la plus longue. »

BALZAC, *La Cousine Bette*.

Quand on évoque ainsi des personnages envieux capables d'en faire agir d'autres, celui qui vient immédiatement à l'esprit est sans doute Iago, manipulateur d'une intelligence hors pair, qui va tirer les ficelles de tous les protagonistes de la pièce *Othello* de Shakespeare. Et le plus fascinant de cette aventure, c'est qu'il peut, à la fin, affirmer à juste titre (à propos d'Othello mais cela est transposable à tous les autres) : « Je lui ai dit ce que je pensais ; *et je ne lui ai rien dit qu'il n'ait trouvé lui-même juste et vrai.* » Car l'art de la manipulation est précisément de faire croire à l'autre deux choses :

d'abord qu'il pense et agit de son plein gré et que, si vous êtes là, c'est par pure affection et dévouement, pour simplement essayer de l'aider. Est-ce que la Cousine Bette qui « démolissait à coups pressés » la famille d'Adeline n'avait pas réussi, comme Iago auprès d'Othello, à se faire passer, auprès de tous les membres de cette famille, pour leur « ange de bonté » ?

Mais alors reste un mystère : s'il est assez facile de comprendre que des sentiments envieux et haineux envers une personne suscitent l'envie de le détruire, il est moins aisé de concevoir comment et pourquoi cet autre « se laisse faire », et se laisse « engluer corps et âme », comme le dira Othello. Pourquoi cette violence destructrice, aussi bien celle de Iago que de la Cousine Bette, n'est-elle pas perçue comme telle, mais au contraire interprétée par ceux qui la subissent comme réelle manifestation d'amitié ? On ne peut pourtant douter de l'intelligence d'Othello, de Roderigo, ou d'Adeline...

Quels leviers sont ainsi utilisés qui rendent la violence occulte ? C'est ce mystère que nous allons essayer de percer.

Comment Iago prend tout pouvoir sur Othello, Roderigo ou Cassio, dans l'« Othello » *de Shakespeare*

IAGO, HUMILIÉ PAR OTHELLO, VEUT LUI FAIRE CONNAÎTRE CE QUE LUI-MÊME A SOUFFERT

Premier trait capital chez ce personnage : Iago est lui-même jaloux et *imagine* qu'Othello aussi bien que Cassio ont couché avec sa femme : « Je hais le More. Le bruit court qu'il a entre mes draps rempli mon office d'époux. J'ignore si c'est vrai ; mais moi, sur un simple soupçon de ce genre, j'agirai comme sur la certitude. » Ou encore : « Je soupçonne fort le More lascif d'avoir sailli à ma place. Cette pensée, comme un poison minéral, me ronge intérieurement ; et mon âme ne peut pas être et ne sera pas satisfaite avant que nous soyons manche à manche, femme pour femme, ou tout au moins que j'aie inspiré au More une jalousie si forte que la raison ne puisse plus la guérir (...). J'abuserai le More sur le compte [de Cassio] de la façon la plus grossière car je crains que Cassio ne mette lui aussi mon bonnet de nuit. »

Toute l'intrigue est là en germe ; fallait-il encore qu'un événement vienne actualiser cette jalousie à l'égard d'Othello et Cassio : Michel Cassio a été choisi par Othello comme officier, contre lui ? « Trois grands de la Cité vont en personne, pour qu'il me fasse son lieutenant le solliciter, chapeau bas ; et foi d'homme ! je sais mon prix, je ne mérite pas un grade moindre. Mais lui, entiché de son orgueil et de ses idées, répond évasivement et, dans un jargon ridicule, bourré de termes de guerre, il éconduit mes protecteurs. "Vero", dit-il, j'ai déjà choisi mon officier ; et quel est cet officier ? Morbleu ! Un grand calculateur, un Michel Cassio, un Florentin, un garçon qui se ferait presque damner pour une jolie femme (...). Un babil sans pratique est tout ce qu'il a de militaire. N'importe ! À lui la préférence ! Et moi qui sous les yeux de l'autre ai fait mes preuves à Rhodes, à Chypre et dans maints pays chrétiens et païens, il faut que je reste en panne et que je sois dépassé par un teneur de livres, un faiseur d'additions ! (...) L'avancement se fait par apostille et par faveur et non plus à l'ancienneté comme autrefois où le second succédait au premier. Maintenant, monsieur, jugez vous-même si, en bonne justice, j'ai la moindre raison d'aimer le More (...). Ce n'est, le ciel m'est témoin, ni l'amour ni le devoir qui me font agir, mais, *sous leurs dehors, mon intérêt personnel ; en le servant, je ne sers que moi-même (...). Je ne suis pas ce que je suis.* »

Remarquons d'abord qu'il vit cette décision dans un profond sentiment d'injustice ; à bon droit, pense-t-il, la place d'officier devait lui revenir, et le choix de Cassio – un « teneur de livres » et non un soldat – est vécu comme une humiliation

– humiliation d'autant plus intolérable qu'elle inclut une déception amoureuse. Othello lui a préféré un autre homme, et ce ne sera pas pardonnable. Tous les ingrédients de l'envie sont là, prêts à opérer : humilié lui-même et connaissant depuis l'intérieur de sa souffrance toutes les tortures de la jalousie (à un moment Othello dira de lui : « Il connaît, *par expérience*, tous les ressorts des actions humaines » pour naïvement en déduire que « ce garçon est d'une honnêteté extrême »...), il ne trouvera de réparation narcissique que dans l'humiliation agie et la jalousie provoquée.

Il est intéressant d'observer comment il déplace dans le domaine amoureux les causes de son humiliation : il imagine Othello et Cassio en amants de sa propre femme. Pour ce qui est de Cassio, tout indique dans sa façon d'être un « homme à femmes », et dès lors les suspicions sont de l'ordre du plausible ; pour Othello, en revanche, ce n'est guère le cas.

Or la pièce commence par le mariage secret et incroyable d'Othello et de la noble, belle et riche Desdémone. Tous les jeunes hommes, dont Roderigo et Cassio, ont été et sont amoureux d'elle, mais tous ont été éconduits par le père de cette belle dame qui la veut garder pour lui.

C'est précisément cet amour de trois hommes (on pourrait, incluant le père, en compter quatre) pour la même femme qui sera le ressort de l'intrigue construite par Iago : ce que Iago a lui-même souffert d'un amour humilié qui se transforme en jalousie dévorante – la métaphore en étant « je soupçonne fort le More lascif d'avoir sailli à ma place. Cette pensée, comme un poison minéral, me ronge intérieurement » –, c'est ce qui va devenir, en miroir, l'arme utilisée pour se venger de cette offense qui va bien au-delà de la question d'une place, mais *pose pour lui la question de sa valeur* : de n'avoir pas été le préféré d'Othello signifie pour lui qu'il n'est plus rien (nous verrons combien en miroir cela sera aussi la problématique d'Othello dans son rapport à

Desdémone dont il croit, en l'épousant, faire sienne la « blancheur » et la noblesse).

Qu'on imagine alors Cassio ou Roderigo pouvant être le jouet de la jalousie, ce n'est pas difficile ; ils ont des mobiles pour l'être, puisqu'ils ont été éconduits, alors qu'eux aussi comme Iago avaient toutes les raisons (entre autres de naissance et de « blancheur ») pour penser qu'il serait juste de les choisir. Mais Othello ? Il est dit et répété combien la passion ne peut aucunement l'ébranler, et d'ailleurs il ne se laisse guère aller à ressentir quelque sentiment que ce soit ; il est par exemple fait état de sa dureté au combat : il a pu voir le canon tuer des rangées de soldats ou son frère arraché de ses bras et être tué, sans broncher. En outre, sa femme Desdémone n'a rien d'une femme séductrice qui pourrait donner à croire qu'elle est infidèle ; au contraire, c'est une femme chaste, sage et, de plus, amoureuse d'Othello... Il semble donc que le couple Othello-Desdémone soit une forteresse imprenable.

OTHELLO, UN HOMME DE CONTRASTES

C'est un homme qui aime l'action et se donne sans compter dans des batailles et des guerres : « Je ne trouve mon activité que dans une vie dure ». « Je sais peu de choses, dit-il encore, qui n'ait rapport aux faits de guerre » ; il y a d'ailleurs trouvé une reconnaissance telle dans l'État de Venise que personne n'y semble être de taille à rivaliser avec lui. Sur un champ de bataille toutefois, on perd ou on gagne, on tue ou on est tué, mais les choses y sont toujours en tout ou rien ; nous verrons par la suite que deux de ses traits de caractère, amorces à sa jalousie, peuvent directement être rattachés à ce statut en tout ou rien : d'une part, il ne peut vivre que de certitudes et sans rien supporter de ce qui a trait au doute, et, d'autre part, il a besoin d'être totalement maître des situations et des personnes qui l'entourent. Ainsi, son « amour » pour Desdémone ne peut équivaloir qu'à sa totale possession – il y va de son honneur – et ne doit rien laisser en dehors de son emprise. Iago comprenant fort bien cela, l'attaquera fréquemment sur ce registre de la liberté de l'autre pour lui intolérable ; par exemple, un mouchoir a été donné en gage d'amour à Desdémone par Othello, et Iago s'en servira pour faire croire qu'elle l'a donné à son amant ; Iago, sachant qu'il touche là une blessure secrète, dit à Othello : « Si je donne à ma femme un mouchoir, il est à elle (...) et comme il est à elle, elle peut, je pense, en faire cadeau à n'importe quel homme » ! Par ailleurs, si Othello exige que l'autre soit tout à lui, lui-même se donne tout entier à l'État et à sa vie de guerrier, et si cette dernière est dure, elle est aussi et surtout héroïque ; il a, dans sa fougue et son génie stratégique, gagné tellement de batailles qu'il est devenu indispensable à l'État. Il se sait et se sent reconnu pour sa valeur personnelle. En outre, on apprendra incidemment qu'il est lui-même « bien né » ; même si c'est ailleurs qu'à Venise, il se dit « descendant d'hommes assis sur un trône ».

Mais, en même temps, sa couleur de peau le maintient dans un statut de paria pour la société élisabéthaine dans laquelle il vit et où il a dû être très souvent et très durement humilié ; il n'est que de lire les réactions diverses de ceux qui apprennent son mariage avec Desdémone pour mesurer la violence inimaginable qui lui est faite : « Vous laissez couvrir votre fille par un étalon de Barbarie ! Vous voulez avoir des petits-fils qui vous hennissent au nez ! Vous voulez avoir des roussins pour cousins et des genets pour germains ! » et en écho la réaction de son père : « Sale voleur ! (...) Je m'en réfère à tous les êtres de bon sens : si elle n'était pas tenue à la chaîne de la magie, est-ce qu'une fille si tendre, si... etc. aurait jamais, bravant la risée générale, couru de la tutelle de son père au sein noir de suie d'un être comme toi, fait pour effrayer et non pour plaire ? » ou encore la réaction de Rodegio qui, suprême injure pour ce guerrier particulièrement courageux, traite Othello de « More lascif ». (On peut d'ailleurs supposer que cette injure circulait à son propos, puisque Iago emploie exactement la même formule pour parler de lui.)

Sous les honneurs manifestes autant que mérités dont il est l'objet se cachent la honte et la blessure narcissique incomblable de l'« étranger », un More considéré, quoi qu'il fasse et quel qu'il soit, comme un paria par toute la société. C'est bien d'ailleurs ce qu'il dira de lui au moment où il se donne la mort, se transperçant de son épée. Après avoir réaffirmé qu'il a tué Desdémone dans une espèce de folie d'amour, il conclut en se dédoublant lui-même : « Racontez cela, et dites en outre qu'une fois dans Alep, voyant un Turc, un *mécréant en turban, battre un Vénitien et insulter l'État, je saisis ce chien de circoncis à la gorge et le frappai ainsi.* » Il « est » un grand commis de l'État dont il défend l'honneur, mais aussi il « est », quoi qu'il veuille, un mécréant en turban, un chien de circoncis. En même temps, donc, par ses héroïques services rendus à l'État, il peut certes prétendre à la main de Desdémone, mais au plus profond de lui-même il sait qu'il n'y a aucun droit et qu'il transgresse les lois tacites de la société en l'épousant.

Comment peut-on maintenant comprendre le choix amoureux d'Othello, et celui de Desdémone qui apparaissent tellement dénaturés que le père les imagine induits par des pratiques magiques ?

Othello, suspecté par le père d'avoir corrompu sa fille à l'aide de talismans, explique au doge comment il a « obtenu l'amour de cette belle personne et elle le sien ». Premier argument : « Son père m'aimait et m'invitait souvent. Il me demandait l'histoire de ma vie, etc. » Est déterminant pour lui l'accueil que lui réserve un père, sénateur à Venise, qui s'intéresse à lui et à ses hauts faits, et du même coup lui donne de s'inscrire dans une filiation et de trouver une place dans cette société qui n'est pas la sienne et qui l'honore seulement comme chef d'armée. Remarquons que la première chose qui vient à l'esprit d'Othello quand il s'agit d'expliquer son amour, c'est l'importance qu'a pris pour lui cet étayage masculin, ce modèle identificatoire que Brabantio a offert à Othello. C'est bien ce même étayage masculin qu'Othello retrouvera avec Iago.

Après cette évocation, il dit avoir remarqué combien Desdémone se passionnait elle-même pour ses héroïques aventures et il termine ainsi son récit : « Elle m'aimait pour les dangers que j'avais traversés et *je l'aimais pour la sympathie qu'elle y avait prise.* Telle est la sorcellerie dont j'ai usé. »

Curieuse façon d'être amoureux ! Othello n'est pas amoureux de Desdémone, mais du *miroir* qu'elle lui tend et dans lequel lui se voit valeureux et capable d'inspirer de la sympathie. Quant à Desdémone, elle est fascinée par cet homme idéal, « incomparable ». Plus tard, au moment où Othello doit partir pour combattre et où il est question qu'elle l'accompagne, elle dira : « Si j'ai aimé le More assez pour vivre avec lui, *ma révolte éclatante et mes violences à la destinée peuvent le trompetter au monde*. Mon cœur a revêtu la nature même de mon mari. C'est dans le génie d'Othello que j'ai vu son visage ; et c'est à sa gloire et à ses vaillantes qualités que j'ai consacré mon âme et ma fortune. » Le miroir vaut aussi pour elle ; si Othello s'est vu dans les yeux pleins de sympathie de Desdémone, elle-même se voit héroïque dans l'héroïsme d'Othello. On ne peut guère faire de choix mutuels plus narcissiques, et plus ignorants de la réelle personnalité de l'autre...

DESDÉMONE, UNE FILLE COUPABLE D'AVOIR « TRAHI » SON PÈRE

Dans le passage cité, elle parle de sa révolte et de la violence qu'elle a faite à la destinée ; pourtant, jusque-là, comme le rappelle son père, il n'y avait pas fille plus soumise et plus douce : elle avait successivement souscrit aux divers refus paternels concernant tous ses prétendants les plus en rapport avec sa beauté et ses titres dans la société. La malédiction proférée par le père envers sa fille sera d'autant plus violente et irrévocable que lui-même avait jusque-là, semble-t-il, aimé Othello et l'avait introduit chez lui... Cette malédiction sonne alors comme un présage lourd de menaces car, si elle touche en premier lieu Desdémone, elle touche tout autant Othello.

« Veille sur elle, More. Aie l'œil prompt à tout voir. Elle a trompé son père, elle pourrait bien te tromper. »

Ce mariage sera fatal au père, la douleur qu'il en éprouvera « tranchera le fil usé de ses jours ». La révolte de Desdémone contre la tyrannie paternelle est doublement sanctionnée : non seulement le père la maudit, mais lui-même en meurt ; la lourde culpabilité qu'elle en éprouvera explique sans doute en partie la conduite masochique qu'elle adoptera vis-à-vis de son mari. Dès son arrivée à Chypre où elle rejoint Othello qu'elle vient d'épouser, elle dit déjà à Iago combien une partie d'elle condamne son choix amoureux : « Je suis loin d'être gaie ; mais je masque ce que je suis, en affectant d'être le contraire. » Remarquons tout de suite la similitude des propos tenus par Iago et ceux de Desdémone, même si les mobiles en sont radicalement différents. Tous les deux disent la même chose d'eux-mêmes : « Je ne suis pas ce que je suis » (cf. p. 155) ; mais, pour Iago, il s'agit d'un calcul conscient dans le but de se venger et de servir ses intérêts, pour Desdémone, d'une culpabilité inconsciente.

Puis ce seront beaucoup de petites phrases et d'attitudes qui, chaque fois, renvoient à cette même culpabilité ; alors qu'Othello la traite de façon brutale et injuste, elle retourne les reproches contre elle-même : « J'ai osé l'accuser d'un manque d'égards. » Devant les accusations d'Othello quant à sa potentielle infidélité, aussitôt elle pense à ce père qui l'a maudite : « Si par hasard, vous soupçonnez mon père d'être l'instrument de votre rappel, ne faites pas tomber votre blâme sur moi. Si vous avez perdu son affection, eh ! moi aussi, je l'ai perdue ! » Et elle ajoute : « *Il était juste que je fusse traitée ainsi, très juste. Ma conduite passée pouvait-elle inspirer confiance* dès que je ferais la moindre erreur ? » Un peu plus tard encore, comprenant qu'elle va mourir, elle chante une chanson qu'une servante, abandonnée par son amant devenu fou, avait elle-même chantée en mourant :

> « *Chantez le saule ! le saule !*
> *Chantez tous le saule qui me sera guirlande,*
> *Que personne ne le blâme, j'approuve son dédain.* »

Agonisante, elle ira jusqu'à s'accuser de s'être elle-même donné la mort.

Comment mieux dire son besoin irrépressible d'autopunition qui la persuade qu'Othello n'est pour rien dans ce meurtre : « Que personne ne blâme donc Othello ; j'approuve son dédain et il était juste que je me donne la mort que j'avais moi-même infligée à mon père... »

Mais alors, quelle place tient dans tout cela Othello, et qui est-il pour elle ? Il semble que le seul homme qui continue à compter à ses yeux soit ce père qu'elle a osé « trahir » et qui l'a ensorcelée en la maudissant.

À côté de cette victimisation en effet (où elle se croit aimante et généreuse, mais où en fait il est surtout question d'elle et de ses sentiments de culpabilité), elle fait peu de cas d'Othello, de ses désirs et de ses demandes, et semble incapable de se mettre à sa place (et réciproquement d'ailleurs). Le meilleur exemple est la scène caricaturale où chacun plaide pour son idée fixe dans une totale surdité à ce que veut l'autre ; Othello parle de son mouchoir qu'il veut retrouver, et Desdémone ne cesse de répondre : « Je vous en prie, causons de Cassio. » À propos de ce même Cassio d'ailleurs (que Iago a réussi à faire destituer de son poste), elle affirme se faire fort de « le tenir éveillé pour *le réduire* », ajoutant : « Je l'impatienterai de paroles ! Son lit lui fera l'effet d'une école ; sa table d'un confessionnal ! Je mêlerai à tout ce qu'il fera la supplique de Cassio. » Ce vouloir « réduire » l'autre est pour le moins guerrier et traduit chez elle aussi, à côté de son apparent oubli d'elle-même, de puissants désirs d'emprise et de possession qui n'auront rien à envier aux modes relationnels d'Othello.

Derrière les apparences de force et de sagesse de ces deux personnages, nous voyons un peu mieux maintenant à quels défauts de la cuirasse Iago – maître par excellence des manipulations affectives et psychiques – va pouvoir les attaquer. D'abord, aucun d'eux n'est sûr de son « bon droit » dans ses choix amoureux : Othello, « mécréant en turban et chien de circoncis », a d'une certaine façon transgressé les lois de la société en épousant secrètement une femme noble.

De la même façon et pour les mêmes raisons, Desdémone se sent profondément coupable de trahir son père en épousant quelqu'un qui n'est ni de sa race, ni de son rang, ni de sa religion. Othello a donc toutes les raisons (outre sa vieillesse qu'il évoquera lui-même) de craindre que Desdémone ne revienne à « des inclinations plus normales », comme Iago le lui suggérera... Or Othello a besoin de *Desdémone car il la vit comme enjeu et preuve de sa propre valeur* (c'est sur son visage qu'il a trouvé un miroir à son héroïsme) ; n'ayant cependant aucune confiance en lui et en ses charmes personnels, il éprouve le besoin impératif de se l'attacher et d'en disposer entièrement puisque la perdre le renverrait à son néant de paria.

COMMENT CASSIO DEVIENT UNE PIÈCE MAÎTRESSE SUR L'ÉCHIQUIER DU DRAME QUI SE PRÉPARE

Nous résumerons brièvement le deuxième acte qui traite de la destitution de Cassio pour être en mesure de lire la scène 3 de l'acte III sur laquelle nous nous concentrerons.

Souvenons-nous que deux prétendants avaient été éconduits : Roderigo et Cassio ; avec l'aide de ces deux amoureux, Iago va tisser sa toile. Roderigo, désespéré, dit à Iago son intention de se tuer. Iago lui redonne espoir en lui faisant croire que Desdémone est amoureuse de ce dernier, et ainsi il essaie de monter Roderigo contre Cassio. Roderigo, d'abord, réfute tous les arguments concernant la prétendue coquetterie de Desdémone. Mais Iago n'est pas à court d'arguments : « Si elle était angélique à ce point, elle n'aurait jamais aimé le More.... N'as-tu pas vu son manège avec la main de Cassio ? N'as-tu pas remarqué ? » Il fournit ainsi des images qui pourront rester dans la tête et échauffer la jalousie (ce qu'il fera abondamment avec Othello), puis il suggère à Roderigo de provoquer Cassio afin de créer une émeute. En effet, Cassio doit veiller à la garde de l'île de Chypre pendant qu'une fête est organisée en l'honneur d'Othello, de sa femme et de la nouvelle victoire remportée par ce dernier.

Iago sait que Cassio ne supporte pas le vin et, pour l'obliger à boire, il trinquera avec lui, mettant son honneur en cause devant les gens qui sont là ; voici la chanson qu'il chante :

« *Et faites-moi trinquer la canette*
et faites-moi trinquer la canette,
Un soldat est un homme, *et la vie n'est qu'un moment.*
Faites donc boire le soldat ! »

Il faut lire la suite pour découvrir l'art consommé de Iago pour provoquer des événements malheureux, les faire porter à d'autres et se présenter ensuite comme le sauveur des situations. Cassio est donc ivre, et Iago parle de lui avec Montano (ancien gouverneur de Chypre). Après avoir dit combien Cassio est « digne d'être aux côtés de César », il le disqualifie en prétendant que c'est habituel ; Montano alors de suggérer à Iago de prévenir le More... et Iago, superbe, rétorque : « Moi, je ne le ferais pas pour toute cette belle île. J'aime fort Cassio, et je ferais beaucoup pour le guérir de son mal... » *Après avoir greffé le doute chez les autres, il se montre d'une loyauté sans pareille, laissant le soin aux autres de diffuser les calomnies concernant Cassio, alors qu'ils ont eux-mêmes pu vérifier la grandeur d'âme de Iago.*

Mais voici qu'on entend des cris : Cassio et Roderigo se battent ; Iago suggère à Roderigo de sonner la cloche pour faire se lever la ville ; Othello survient, demande la raison de ce tumulte. Iago raconte de telle sorte que, chargeant Cassio, il semble en même temps totalement l'excuser ; mais Othello, qui se veut juste, destitue son officier : « Je le vois, Iago ! Ton honnêteté et ton affection atténuent cette affaire pour la rendre légère à Cassio... Cassio, je t'aime, mais désormais tu n'es plus de mes officiers. »

Iago, ne se voulant pas en reste quant à l'assurance de son soutien aimant, reprend envers Cassio les mêmes mots qu'avait employés Othello : « Vous pensez, je pense, que je vous aime ? » avant de lui conseiller de demander sa grâce à Desdémone. L'intrigue avec Othello va désormais commencer.

COMMENT IAGO INTRODUIT EN OTHELLO « UN POISON MINÉRAL QUI LE RONGERA INTÉRIEUREMENT », LE CONDUISANT À ÉTRANGLER DESDÉMONE

La scène 3 de l'acte III, comme nous l'indiquions plus haut, nous servira d'illustration à l'art consommé de Iago dans la manipulation perverse.

Cassio vient de demander à Desdémone de l'aider à retrouver son poste, et celle-ci s'engage à « réduire » son mari. Surviennent Othello et Iago, mais Cassio préfère disparaître, tellement il se sent « mal à l'aise et malheureux pour sa propre cause ». Iago entre alors en scène pour faire éclore des soupçons : il dit tout haut ce qu'Othello (s'il était jaloux) pourrait redouter : « Ah ! je n'aime pas cela. » Othello demande – en fait il en est pratiquement certain – si ce n'est pas Cassio qui vient de quitter sa femme, et Iago l'assure que non, car il ne pourrait croire « qu'il se déroberait ainsi comme un coupable en vous voyant venir » !

Sur ces entrefaites, Desdémone intervient pour chercher à obtenir la grâce de Cassio – ce que très vite Othello lui accorde, après qu'elle a évoqué combien Cassio, « qui l'accompagnait dans ses visites d'amoureux », prenait toujours le parti d'Othello quand elle-même en parlait défavorablement. « Assez ! je te prie. Qu'il revienne quand il voudra ! Je ne veux rien te refuser. » Desdémone semble trouver trop rapide et facile le résultat de sa mission et montre une sorte de soif d'héroïsme ; à moins qu'elle ne veuille une preuve de l'amour d'Othello dont elle doute elle-même ? : « Comment ! mais ceci n'est point une faveur ; c'est comme si (...) je vous sollicitais de prendre un soin particulier de votre personne. Ah ! quand je vous demanderai une concession, dans le but d'éprouver réellement votre amour, je veux qu'elle soit importante, difficile et périlleuse à accorder. » Après qu'Othello lui répète qu'il accorde sa grâce, Desdémone et Émilie (sa suivante, femme de Iago) sortent, et Othello de dire combien Desdémone et l'amour qu'il a pour elle lui sont narcissiquement indispensables comme facteurs d'unification et signes de sa valeur : « Excellente créature ! Que la perdition s'empare de mon âme si je ne t'aime pas ! Va ! *quand je ne t'aimerai plus, ce sera le retour du chaos.* » C'est donc son attachement amoureux qui l'incite à croire en un ordre humain et à trouver un sens à la vie dans une unification de lui-même ; on voit là combien *son amour pour Desdémone, plus encore que Desdémone elle-même, lui est existentiellement indispensable et combien le perdre serait pour lui tout perdre.*

Iago réapparaît et reprend son travail d'insinuations ; il l'interroge sur la connaissance qu'avait Cassio de l'amour d'Othello pour Desdémone. « Je ne pensais pas qu'il ait été en relation avec elle. – Oh ! si. – Vraiment ? », etc., tant et si bien qu'Othello le presse de lui dire ce qu'il a dans l'idée. « Si tu m'aimes, montre-moi ta pensée. – Monseigneur, vous savez que je vous aime. » (Othello, ce guerrier endurci, demande sans cesse, et cela est étonnant, si on l'aime, et sans cesse Iago le lui répète ; ce que Desdémone ne saura pas faire...) Othello de lui dire que, précisément parce qu'il le croit et qu'il le sait être un homme juste, ces hésitations l'effraient d'autant plus. Iago jure qu'il croit Cassio honnête, ajoutant toutefois : « Les hommes devraient être ce qu'ils paraissent. » S'engage alors un dialogue à fleurets mouchetés : Othello le suppliant de lui dire ce qu'il pense vraiment, et Iago se rétractant dans la crainte d'être « injuste dans ses suppositions, car, je le confesse, c'est une infirmité de ma nature de flairer partout le mal, etc. » Othello, sur le gril, n'aspire plus qu'à enfin connaître la pensée de Iago. Puis, argument insupportable à Othello, Iago se dit maître de ses idées et libre de les garder pour lui... pour ensuite évoquer le poison qu'est la jalousie : « Oh ! prenez garde, monseigneur, à la jalousie ! C'est le monstre aux yeux verts qui produit l'aliment dont il se nourrit ! »

Othello affirme que sa femme est vertueuse, mais il a en même temps... besoin de certitude : « Sitôt né, le doute doit être dissipé. » Puis il évoque son manque d'estime de lui-même : « Ce n'est pas non plus la faiblesse de mes propres mérites qui me fera concevoir la moindre crainte, le moindre doute sur sa fidélité, car elle avait des yeux et elle m'a choisi ; non, Iago ! Avant de douter, je veux voir. Après le doute, la preuve ! Et après la preuve mon parti est pris : adieu l'amour ou adieu la jalousie. » Iago de se dire charmé de ce discours car il va pouvoir maintenant « montrer son affection avec moins de réserve » et lui faire une confidence, pas encore une preuve bien sûr, mais : « Veillez sur votre femme, observez-la bien avec Cassio, portez vos regards sans jalousie comme sans sécurité », car « je ne voudrais pas que votre franche et noble nature fût victime de sa générosité même », autrement dit : je vous aime tant que je souffrirais moi-même si vous en veniez à être dupe du fait de votre trop grande bonté ! Il évoque alors les Vénitiennes pour qui le cas de conscience n'est pas de « s'abstenir de la chose, mais de la tenir cachée ». Et ensuite reprend l'analogie prédictive d'une possible tromperie énoncée par le père : « Celle qui si jeune a pu (...) tenir les yeux de son père comme sous le chaperon d'un faucon, car il a cru qu'il y avait magie... » Iago s'aperçoit qu'*enfin* Othello est troublé – son poison commence *enfin* à montrer ses effets –, mais ce dernier assure qu'il n'en est rien car il redit combien il est persuadé de l'honnêteté de Desdémone ; quoique... « Et cependant comme une nature dévoyée... » Iago lui coupe la parole et enchaîne : « Oui, voilà le point. Ainsi à vous parler franchement, avoir refusé tant de partis qui se proposaient et qui avaient avec elle toutes ces affinités de patrie, de race, de rang, dont tous les êtres sont naturellement si avides ! Hum ! Cela décèle un goût bien corrompu, une affreuse dépravation, des pensées dénaturées... Mais pardon ! (...) tout ce que je puis craindre, c'est que son goût revenant à des inclinations plus normales, elle ne finisse par vous comparer aux personnes de son pays et (peut-être) par se repentir. » Iago énonce tout haut les craintes plus ou moins conscientes d'Othello. En effet, ces paroles humiliantes touchent si juste qu'il ne peut plus écouter et prend brusquement congé de Iago ; un peu plus loin d'ailleurs, il n'aura pas le temps de fuir devant les assauts de Iago et tombera cette fois dans une crise de haut mal. Iago sort, puis revient simplement pour suggérer à Othello de laisser le poste de Cassio en suspens afin de mieux surveiller les deux amants.

Othello, resté seul, dit son admiration pour le don de pénétration qu'a Iago et menace Desdémone d'abandon si elle est effectivement infidèle ; dans la logique de ces pensées *reviennent ses doutes sur sa propre valeur et sur ses capacités à plaire* : il est noir, il n'a pas « dans la conversation les formes souples des intrigants », mais aussi il est vieux. C'est bien en ce lieu de son sentiment cruel d'infériorité et de son total manque de confiance en lui que le poison est sûr de produire ses effets. Puis il se lamente sur la difficulté à posséder « ces délicates créatures » pour finalement s'écrier : « J'aimerais mieux être un crapaud et vivre des vapeurs d'un cachot que de laisser un coin dans l'être que j'aime à l'usage d'autrui ! » Il lui faut l'entièreté et l'exclusivité des êtres car cette entièreté signe sa propre intégrité.

Entrent Desdémone et Émilie ; Othello ne sait pas cacher ses sentiments, et sa femme le questionne sur la raison de sa voix défaillante ; il prétexte un mal au front ; Desdémone veut alors le lui bander, sort son mouchoir, mais Othello le trouvant trop petit le fait tomber à terre ; Émilie le ramasse, elle sait que c'est le premier gage d'amour du More que Iago lui a maintes fois demandé de voler ; elle le donne donc à son mari.

Othello réapparaît, alors que Iago est encore là ; il parle tout seul, mis sur la roue de la jalousie : « Ah ! je le jure, dit-il, il vaut mieux être trompé tout à fait que d'avoir le moindre soupçon » et, déchiré entre la pensée de l'honnêteté de sa femme et le soupçon de son infidélité, il menace Iago. « Misérable, tu me prouveras que ma bien-aimée est une putain ! N'y manque pas, n'y manque pas ! (...) Fais-moi voir la chose, ou du moins prouve-la-moi si bien que la preuve ne porte ni charnière, ni tenon auquel puisse s'accrocher un doute, sinon, malheur à ta vie ! » Plutôt la certitude de la trahison que la torture du doute. Iago alors se lamente sur les conséquences de la loyauté, forçant Othello à trancher sur qui est vraiment loyal : lui ou Desdémone ? (Souvenons-nous combien tous les deux pouvaient à juste titre dire : je ne suis pas qui je suis.) « Non, demeure... tu dois être honnête ! » Il ne sait plus que croire, sauf que l'incertitude lui est invivable. « Je crois que ma femme est honnête et crois qu'elle ne l'est pas ; je crois que tu es probe et crois que tu ne l'es pas ; je veux avoir quelque preuve. Son nom qui était pur comme le visage de Diane est maintenant terni et noir comme ma face ! (...) oh ! avoir la certitude ! » L'épousant, il a cru devenir blanc comme elle et en fait il la contamine ; il voulait se hausser jusqu'à elle, et c'est elle qui se met à lui ressembler en devenant noire. Plus tard, il évoquera autrement la même idée : « Le lieu choisi dont j'avais fait le grenier de mon cœur, *et* d'où je dois tirer la vie sous peine de la perdre ! mais la fontaine d'où ma source doit couler pour ne pas se tarir ! en être dépossédé, ou ne pouvoir la garder que comme une citerne où des crapauds hideux s'accouplent et pullulent ! »

Alors Iago lui parle crûment, lui demandant s'il « veut la regarder saillir par l'autre ? » et, comme il l'avait fait avec Roderigo, il propose des images [1] qui vont pénétrer dans sa tête jusqu'à son cœur et ne plus en sortir : il raconte qu'il a couché à côté de Cassio et qu'en dormant ce dernier parlait de la suave Desdémone en rêvant : « Il posait sa jambe sur ma cuisse et soupirait, et me baisait et criait alors : maudite fatalité qui t'a donnée au More. » Et alors que le More, spectateur passif exclu de la scène, veut y voir immédiatement une

« preuve », Iago, diabolique, réintroduit le doute : « Soyez calme (...) elle peut être honnête encore », pour lui demander aussitôt... s'il a revu un mouchoir brodé de fraises aux mains de sa femme, car il vient de voir Cassio s'essuyer la barbe avec un pareil mouchoir. La fureur d'Othello se déchaîne, et il jure que « ses pensées de sang (...) iront s'engloutir dans une profonde et immense vengeance ».

Dans la haine tous les deux vont s'unir : Othello tombe à genoux, et Iago s'agenouille à ses côtés pour lui jurer qu'« il voue l'activité de son esprit, de son bras, de son cœur au service d'Othello outragé. Qu'il commande ! et l'obéissance sera de ma part tendresse d'âme, si sanglants que soient ses ordres ». Othello, « par une reconnaissante acceptation », lui demande alors de lui faire savoir qu'avant trois jours Cassio n'est plus vivant. Diabolique, Iago le force à aller plus loin en prêchant la grâce de Desdémone : « Mon ami est mort : c'est fait à votre requête. Mais, elle, qu'elle vive ! » Othello, ne voulant pas être en reste de fermeté d'âme car, comme il le dira un peu plus loin, Iago est celui qui « lui apprend son devoir », englobe alors sa femme dans la damnation ; en effet, si Iago sacrifie son ami, il est juste qu'Othello sacrifie sa femme : « Je me retire afin de me procurer des moyens de mort rapide pour le charmant démon. » Puis, sans transition, il ajoute : « À présent, tu es mon lieutenant. »

Iago a, pour l'instant, gagné sur tous les tableaux : il a repris le poste de lieutenant à Cassio et a réussi à se faire passer pour la conscience et le témoin de l'honneur d'Othello.

Peu importe d'ailleurs, pour notre propos, que Iago soit finalement démasqué, après avoir tout de même réussi à tuer tous ceux qui l'entouraient. Ce qui nous importe, c'est de voir *combien une passion, en l'occurrence la jalousie, peut être suscitée et actualisée par quelqu'un d'autre*. Bien sûr fallait-il qu'Othello présente certaines caractéristiques pour que Iago puisse prendre barre sur lui ; mais, sans Iago et toutes ses capacités imaginatives mises au service du soupçon et de l'inquiétude, Othello n'aurait sans doute jamais vécu une telle descente aux enfers. À cette mesure, *cette tragédie illustre bien ce que peut signifier une pathologie du lien au-delà d'une pathologie individuelle*. Cela n'a pas échappé à des sémioticiens comme Greimas et Fontanille qui écrivent ceci (dans leur langue de sémioticiens...) : « Deux acteurs sont ici convoqués pour faire un sujet passionné et font éclater les syncrétismes habituels (...). Iago est ici le sujet cognitif, sujet opérateur du faire thymique, alors qu'Othello est le sujet d'état thymique. » Il y a ici une distribution des rôles qui met en lumière « le fonctionnement de la jalousie : un sujet de faire thymique-cognitif torture un sujet d'état thymique [2] ».

Ou, dit plus simplement, Iago, à partir de ce qu'il sait et souffre de sa propre jalousie, pense, imagine, manipule et agit en donnant à imaginer et à agir ; et Othello subit, éprouve, souffre, *l'esprit totalement « englué » par son besoin de croire ce que lui dit et redit Iago de son amour pour lui...*

CONCLUSION

Fatal besoin d'Othello, quand l'ami s'appelle Iago, de demander si on ressent de l'amour pour vous ! Mais qui n'éprouve ce besoin, à des degrés divers ? Philippe, dans *La Rabouilleuse*, nous rappelle que les paroles flatteuses ne coûtent rien, on peut en donner à volonté... la demande est sans fond !

Au-delà de la dramaturgie littéraire et du nécessaire grossissement des passions mises à nu, toutes ces histoires ont, nous semble-t-il, des racines communes entre elles, et nous en trouvons des échos dans notre vie quotidienne, dans notre rapport à nous-mêmes et aux autres. Derrière ces héros malfaisants ou ces proies désignées est à l'œuvre une même et unique souffrance narcissique : un des personnages est toujours aux prises avec une revendication existentielle et contraignante de réassurance sur sa propre valeur ; *dans cette tentative solitaire de restauration d'une image défaillante de soi*, quelle qu'en soit la forme, *violence sera immanquablement faite à l'entourage*. Mais, sauf exception, *l'autre n'est pas directement visé dans le champ de la relation* ; il s'agit d'abord et avant tout de soi seul et de sa crainte inconsciente d'être jugé inintéressant et sans valeur ; de cette restauration à l'arraché, superbement ignorante de l'autre et de son existence, découleront des effets pervers et destructeurs pour soi, pour les autres : se couper de la rencontre affective avec autrui, c'est empêcher pour chacun un possible devenir, sans parler des risques liés à l'attribution forcée de rôles mensongers, dans lesquels si un seul doit paraître « excellent », alors il faudra bien qu'un autre endosse le « mauvais », le médiocre.

Cette demande de réassurance, nous la trouvons chez ces différents parents ou époux qui, par peur du conflit, ne peuvent établir de relation vivante avec leurs enfants ou leurs conjoints, soit qu'ils sont alors occupés *ailleurs* à chercher une image valorisée d'eux-mêmes, Hector Hulot dans le regard de ses maîtresses, ou le père de Mlle Else, dans l'espoir que, grâce au boursicotage, il va trouver par la fortune une meilleure image de lui-même ; soit qu'ils s'efforcent, *dans la relation elle-même*, d'obtenir la « preuve » de leur bonté sans faille, comme Adeline, Agathe ou les parents de Denise Lesur, mais aussi Swann ou Brigitte Pian ; nous la trouvons aussi chez ces emmurés morts-vivants qui, blessés de se sentir mal-aimés, se sont retirés en eux-mêmes comme Thérèse ou Louis ; ou chez ceux qui, se sentant pareillement mal-aimés, n'attendent, eux non plus, rien de l'autre et de la relation avec lui, mais qui, au lieu de se désimpliquer, cherchent dès lors à utiliser cette relation pour servir leurs propres intérêts et leur quête de pouvoir, que ce soit par la séduction comme Bel-Ami, ou par la manipulation perverse, comme la mère d'Edgar, « obligée » de faire de son fils le complice d'un mensonge, pour échapper après coup à la culpabilité et à une possible répudiation par son mari ; ou plus diabolique, parce que plus consciemment destructeur, même si encore et toujours il s'agit de restaurer son image, Iago.

J'aimerais, pour conclure, reprendre deux des thèmes qui se sont faits les plus insistants dans ces destinées tragiques et qui, d'une façon ou d'une autre, peuvent nous renvoyer à nos propres vies, dans leur intrication avec la vie de nos proches : *l'importance des expériences vécues*, dans la mesure où elles sont comme une inscription affective gravée en nous de ce qu'est le « bien » et le « mal » relationnel. Puis, second thème capital : je voudrais revenir sur cette tentative constante, chez tous ces personnages, *d'échapper à ce qui dans la relation serait susceptible de faire souffrir*, d'où découle le refus de la dépendance et de la passivité… mais qui – autre conséquence rarement dite – *rend du coup impossible le partage de plaisir*.

L'importance des expériences que nous avons vécues et que nous faisons vivre aux autres

Cette importance avait déjà été soulignée dans ce chapitre théorique intitulé : « Où apprenons-nous ce qu'aimer veut dire ? ». Mais quelque chose s'est vérifié au fil des lectures : le sens opposé que peuvent prendre pour chacun d'entre nous les sentiments négatifs, suivant qu'ils ont primé ou non sur les sentiments positifs, dans les relations précoces vécues ; expliquons-nous, en reprenant d'abord ce qui était dit au début de ce livre, puis en revenant sur l'exemple particulièrement illustratif d'Agathe, même si cet exemple, caricatural par la massivité du rejet, est une vision grossie à la loupe de beaucoup d'autres situations tellement plus nuancées et subtiles de mal-amour. Quand, donc, les sentiments d'être aimé priment, *la haine suscitée par le manque et la frustration pourra être peu à peu reconnue, vécue et partagée dans une reconnaissance de culpabilité ouvrant au pardon et à la réparation, et donc comme faisant partie des expériences aimantes*.

L'expérience d'Agathe est toute différente : rejetée par

son père qui la croit illégitime, elle ne sera pas plus défendue par sa mère, et sera abandonnée chez une tante. Dans ce cas, comment interpréter les sentiments négatifs de ses parents autrement que comme synonymes de rejet et antinomiques à l'amour, et comment ne pas voir dans ce rejet la preuve de sa « mauvaiseté » ? Or c'est sur cette base expérientielle qu'Agathe va construire et *imaginer* ce que devrait être le « bien » et les relations aimantes. Ce qu'elle vivra ensuite avec son mari, à qui elle se dévoue entièrement, sans pouvoir s'intéresser à elle-même, puis avec son fils Philippe qu'elle veut combler et rendre heureux par tous les moyens, fussent-ils aussi bien au détriment de tous les deux, découle de ses expériences précoces faussées. Ainsi, pour elle, l'amour se doit d'être aux antipodes de ce qu'elle a vécu avec ses parents : du rejet violent dont elle a été l'objet, elle est passée à l'idée exactement inverse : face à cette haine destructrice coupable – car la culpabilité dans ce cas ne peut être que celle des parents et non consciemment admise comme sienne –, l'amour ne peut être qu'idéal, *innocent*, sans alliage ; aimer, c'est tout accepter de l'autre, c'est vouloir le satisfaire dans tous ses désirs, et ce faisant... c'est aussi donner une leçon à des parents avec qui, qu'on le veuille ou non, on a des comptes à régler, pour finalement essayer de se réparer soi-même à travers cette offrande victimaire de soi, où se paie le tribut d'une culpabilité massive inconsciente.

Mais quels dégâts alors sont provoqués autour de soi dans ce besoin de n'apparaître qu'« aimant » et de ne jamais pouvoir manier l'agressivité !

Nous avons vu tous ces parents, que ce soit ceux de Denise Lesur, d'Agathe, ou tous ces conjoints, telle Adeline, faire le malheur de leurs enfants ou de leurs partenaires en n'intervenant jamais directement – même quand des choses graves se passent – sous le prétexte fallacieux de vouloir, malgré tout, leur « faire confiance », *agissant comme si le*

« mal » était dans le désaccord ou l'affrontement – ce qui d'ailleurs favorise les pratiques manipulatoires, comme cela apparaît évident dans le cas des parents de Mlle Else, de Swann ou de Bel-Ami ; c'est que, n'ayant aucune assurance d'être « bons » ou « gentils » à l'intérieur d'eux, ils se vivent contraints à utiliser le regard de leur enfant ou de leur conjoint pour vérifier qu'ils le sont ; mais dénier le « mal », aussi bien chez eux que chez ceux qui les entourent, n'est pas le faire disparaître ; refuser de voir le mal, c'est refuser sa propre réalité et celle de l'autre, c'est, de ce fait, chercher en vain l'accès à soi comme à l'autre, et, troisième redoutable conséquence, c'est barrer cet accès à ceux qui nous entourent ; de plus, c'est ignorer que méconnaître ce mal chez l'enfant ou le partenaire, *et refuser d'en partager la souffrance, c'est les laisser* seuls *avec des vécus de détresse les débordant*, d'autant que celui qui ignore ainsi le mal en lui croit et fait croire à sa réelle innocence, prenant tout le « bien » pour lui. Repensons à Adeline ou à Agathe. On peut imaginer la particulière toxicité de ce genre de méconnaissance, *équivalant à un abandon*, quand il s'agit de petits enfants.

Mais, outre ceux qui ne supportent pas de reconnaître quiconque coupable, il y a ceux dont le besoin d'innocence peut utiliser un autre stratagème aussi onéreux pour l'entourage, qui est d'expulser entièrement sur lui le « mauvais » et la culpabilité qui y est liée.

Rappelons-nous par exemple Bel-Ami : par intérêt bien compris, il a pris la place de son ami Charles Forestier auprès de Madeleine, mais voici que très vite il est accusé par ses collègues d'imposture : « Tu ne serais rien sans elle », s'entend-il dire. Il renverse alors les choses en dénigrant d'abord Charles, puis en projetant sur Madeleine le jugement qu'on pourrait porter sur lui ; il l'accuse d'être une moins que rien, « une fille » dont il faut se servir, et il conclut en s'autojustifiant : « Tout n'est que de l'égoïsme. L'égoïsme pour l'ambition et la fortune vaut mieux que l'égoïsme pour la femme et l'amour. »

Le voilà donc blanchi et libre, prêt à innocemment abandonner Madeleine pour maintenant viser mieux et plus haut... viser d'abord la femme de son patron, pour ensuite rapter la fille de cette dernière et devenir alors, par son second mariage, l'homme le plus riche de Paris. Mais au prix d'un jeu permanent de cache-cache avec lui-même et d'expulsion sur les autres de tout ce qu'il ne peut accepter de fourbe et de destructeur en lui-même, propageant ainsi cette fourberie et cette destruction autour de lui.

Second thème insistant : l'impossibilité pour tous ces personnages à s'abandonner à l'autre, par refus de souffrir, *dans une contrainte à s'assurer d'une relation d'emprise sur ce dernier*

Ce thème découle directement du premier : si l'autre n'a pas été suffisamment fiable, c'est-à-dire capable de partager avec vous la satisfaction comme la souffrance, la sienne comme la vôtre, mais qu'il vous a imposé ses désirs et ses modes de satisfaction sans prendre les vôtres en compte, il est clair que cet autre sera vécu comme celui qui vous empêche d'être vous, et dont il faut vous protéger. Tout ce qui alors renverra à une possible dépendance ou passivité sera viscéralement refusé dans la mesure où l'une et l'autre renvoient à *une souffrance déjà vécue* et désormais écartée grâce à un renversement en son contraire ; au lieu d'être soi-même dans une situation de dépendance, il s'agira d'y mettre les autres : ce seront toutes les conduites d'emprise, dont nous avons vu combien elles peuvent être variées, qui seront privilégiées puisqu'on ne peut pas faire confiance à un autre avec qui pourtant on vit. La relation « amoureuse » de Swann avec Odette illustre parfaitement ce qu'est cette emprise et quels en sont les redoutables pièges pour soi et pour les autres. Nous voyons effectivement comment Swann, qui dit et croit aimer Odette, ne la rencontrera jamais, et comment il ne prendra à aucun moment en compte ce qu'elle est ou ce qu'elle fait. Ce qui lui importe, c'est de croire se l'approprier entièrement pour ne plus jamais ressentir la souffrance de la perte. Toute une stratégie est alors mise au point pour, subvertissant sa pensée et son jugement, ignorer ce que peut réellement être ou faire Odette, afin encore une fois de *ne pas ouvrir la porte à la souffrance possible de la déception*, et afin de maintenir une image d'elle idéale dont il a besoin ; et, s'il s'ingénie à ignorer qui est Odette, il s'ingénie autant à ignorer qui il est et quelles sont aussi ses propres motivations : alors que tout ce qu'il fait est destiné à servir son désir d'emprise, il réussit à se persuader, en toute « bonne foi », de sa générosité et de son désintéressement.

Dans cette optique, il est donc aisé de comprendre pourquoi la souffrance peut être si viscéralement refusée ; mais pourquoi donc refuser aussi de partager le plaisir, comme le fait Swann ? Ne serait-ce pas tout simplement parce que *le plaisir reçu d'un autre rend dépendant de lui* ? Si j'accepte de recevoir du plaisir, je peux le ressentir comme une façon d'être à la merci de celui qui me le donne ; et, peut-être plus grave encore, le plaisir dissout les frontières, faisant craindre de ne plus savoir qui est qui, et donc faisant planer une menace sur l'identité.

L'identité de Swann ? Nous venons de voir combien il savait peu qui il était, et combien il avait alors d'autant plus de raisons de se protéger contre un plaisir partagé... Mais c'est là où s'installe un redoutable cercle vicieux qui concerne toutes les relations d'emprise : *ni la souffrance ni le plaisir n'y sont donc reconnaissables, ni partageables dans la relation ; mais sans partage d'affects qui permettrait de* faire alliance *avec l'autre, où désormais sera-t-il alors possible d'apprendre qui on est et qui est l'autre ?* Et si la relation d'emprise a tant à voir avec le masochisme (souvenons-nous de la parole de Swann : « J'étais plus maître que je n'avais cru, plus maître, c'est-à-dire plus esclave »), c'est sans doute parce qu'elle fige chacun dans des rôles mensongers et immuables, entravant toute évolution et tout changement.

Comment dès lors faire comprendre que ce n'est pas la haine qui détruit, mais son occultation en soi ? Car hélas la nier ou l'expulser sur les autres n'est pas la faire disparaître, mais au contraire la faire se propager de façon insidieuse ; la haine, celle dont on ne veut rien savoir, est là, tapie au cœur de soi, de vous et de moi, d'autant plus agissante qu'elle n'a pas pu être domestiquée et canalisée, et elle utilise alors tous les masques de l'« amour » et de l'idéal pour, abîmant et pervertissant les relations personnelles, détruire plus sûrement.

Or nous touchons là un problème qui va bien au-delà des destins individuels évoqués, avec leur lot de bonheur ou de malheur. Catherine Chalier [1], réfléchissant sur la notion de « paix », écrit ceci : « Bien des hommes pensent en effet que léser des principes ou porter atteinte à des idées est plus grave que le tort ou le dommage irréparable porté à une personne particulière. Ils soutiennent donc qu'il convient de veiller d'abord au respect de l'ordre universel et aux principes susceptibles de l'instaurer et de le garantir, puis, le cas échéant, de se soucier de ce qui en l'homme même trouble, abîme et détruit les relations personnelles. Or le mensonge ne commence-t-il pas déjà là ? » En effet, avant de reposer sur des principes ou des institutions, *la paix ne relève-t-elle pas* d'abord *de la manière dont nous vivons les uns avec les autres ?*

NOTES

Introduction

1. Héros d'*Othello*, de Shakespeare, que nous étudierons dans le dernier chapitre.
2. *Difficile Liberté*, Biblio, essais, 1984 (p. 20-23).
3. Sur ce problème, nous renvoyons le lecteur intéressé au chapitre III de notre livre *La Haine nécessaire*, PUF, intitulé « La relation mère-enfant : creuset de l'amour ».
4. Roman de Balzac qui sera analysé dans le premier chapitre.

Chapitre premier – Les violences exercées par des « parents gentiment narcissiques »

1. Il est intéressant de comparer ce « roman », plein de pathos, à l'autobiographie qu'Annie Ernaux vient de publier sous le titre *L'Événement* où, reprenant à son compte l'épisode de l'avortement, elle en fait un récit le plus « opératoire » et chirurgical possible.
2. Schnitzler.

Chapitre 2 – Les violences entretenues par la nécessité d'une image idéale de soi

1. Cf. « La volonté d'emprise de Swann sur Odette chez Proust », p. 100

Chapitre 3 – La violence sous-jacente à l'indifférence

1. Ce constat rejoint une idée forte de Bernanos concernant le « démoniaque ». Voici ce qu'il écrit : « Je suis hors d'atteinte – tel est probablement le véritable sens du mot *perdu.* » Et effectivement Thérèse n'est-elle pas *perdue*, d'avoir ainsi rompu tous les liens ?
2. Cette idée est une idée maîtresse du beau livre de Catherine Chalier, *De l'intranquillité de l'âme*, Manuels Payot, 1998.

Chapitre 4 – La violence des volontés d'emprise dont font partie les conduites de séduction

1. Il faut distinguer ici les « idéaux » en tant que valeurs qui transcendent l'homme et qui manquent cruellement à Swann, et le processus d'« idéalisation » qui sert à recouvrir et méconnaître en soi tout ce qui, n'étant pas « bon », ferait vivre des sentiments négatifs intolérables. On peut penser que plus le processus d'idéalisation est utilisé, moins il y a accès aux « idéaux ».
2. « De tous les modes de production de l'amour (...) il est bien l'un des plus efficaces, ce grand souffle d'agitation qui parfois passe sur nous. Alors l'être avec qui nous nous plaisons à ce moment-là, le sort en est jeté, c'est lui que nous aimerons. Il n'est même pas besoin qu'il nous plût jusque-là plus ou même autant que d'autres. *Ce qu'il fallait, c'est que notre goût pour lui devînt exclusif.* Et cette condition-là est réalisée quand – à ce moment où il nous a fait défaut – à la recherche des plaisirs que son agrément nous donnait, s'est brusquement substitué en nous un besoin anxieux qui a pour objet cet être même, un besoin absurde que les lois de ce monde rendent impossible à satisfaire et difficile à guérir – *le besoin insensé et douloureux de le posséder.* » (M. Proust, *Un Amour de Swann.*)
3. Cette idée est argumentée par P. Denis dans son ouvrage *Emprise et satisfaction, les deux formants de la pulsion*, PUF, 1998.
4. Gide, dans son *Journal des faux-monnayeurs*, dit éprouver la même chose : « J'ai l'horreur de parler de moi ; cela ne vient pas seulement de ce que je ne m'intéresse pas à moi-même, mais surtout de ce que *je n'avance rien sur moi-même, que le contraire m'apparaisse aussitôt beaucoup plus vrai.* »
5. Nous reprendrons ici le terme de jalousie employé par Merleau-Ponty. Nous citons : « L'amour de Swann ne provoque pas la jalousie. Il est déjà, et depuis son début, jalousie. La jalousie ne provoque pas une modification de l'amour : le plaisir que Swann prenait à contempler Odette portait en lui-même son altération, *puisque c'était le plaisir d'être le seul à le faire.* » (1945, 486).
6. Rappelons-nous l'épisode de l'enterrement de la mère de Swann et de ce que le grand-père – ami du père de Swann – raconte sur lui à cette occasion. Il a « oublié » qu'il enterrait sa femme et se réjouit de se promener par ce beau temps, pensant que « la vie a du bon ». Puis, se rappelant brusquement les événements, « il se passe la main sur le front, essuie ses yeux et les

verres de son lorgnon » (on voit là l'identification du fils au père), et s'excuse en disant : « C'est drôle, je pense très souvent à ma pauvre femme, mais je ne peux y penser beaucoup à la fois » !

7. Cette idée est récurrente dans *Du côté de chez Swann*.

Chapitre 5 – La violence occulte de personnages envieux qui en font agir d'autres

1. Voici ce qu'écrit Roland Barthes à ce propos : « Dans le champ amoureux, les blessures les plus vives viennent davantage de ce qu'on voit que de ce qu'on sait (...). Voici donc, enfin, la définition de l'image, de toute image : l'image, c'est ce dont je suis exclu (...) je ne suis pas dans la scène. » *Fragments d'un discours amoureux*, Seuil, p. 157.
2. A. J. Greimas et J. Fontanille, *Sémiotique des passions*, Seuil, 1991, p. 289.

Conclusion

1. Dans son livre déjà évoqué, *De l'intranquillité de l'âme*, p. 25.

Remerciements

Qu'Estelle Monin soit une nouvelle fois remerciée pour la pertinence de ses corrections qui, allégeant ce texte, lui ont donné plus de force. Et surtout qu'elle soit remerciée pour avoir partagé mon plaisir d'écriture et m'avoir en retour fait partager celui d'être comprise et « bonifiée »... le contraire des violences cachées !

TABLE DES MATIÈRES

Cet ouvrage a été réalisé par

FIRMIN DIDOT

GROUPE CPI

Mesnil-sur-l'Estrée

pour le compte des Éditions Odile Jacob
en avril 2001

Imprimé en France
Dépôt légal : avril 2001
N° d'édition : 7381-1001-X – N° d'impression : 55455